ICH bin da

Religion 4

Schulbuch für den katholischen Religionsunterricht

Erarbeitet von
Friedrich Fischer, Wolfgang Gies, Monika Oesterwind,
Peter Ueter

Illustriert von Christian Schütte

Ernst Klett Verlag
Stuttgart · Leipzig

Ich bin da

Kannst du dich noch an deine erste Schwimmübung erinnern? Jens gab kürzlich vor der gesamten Klasse ganz ehrlich zu: „Ich hatte richtig Bammel vor dem ersten Mal im Schwimmbad. Ich war froh, nicht als Erster ins Wasser zu müssen. Ich konnte zwar die Arm- und Beinbewegung, aber trotzdem war mir komisch. Irgendwann kam ich an die Reihe. Ich konnte mein flaues Gefühl nicht verstecken. Der Schwimmmeister hatte einen Riecher dafür. Er merkte das sofort."

Und wie es weiterging? Der Schwimmmeister wusste, was in einer solchen Lage hilft: Der Vater von Jens, ein ausgezeichneter Schwimmer übrigens, durfte mit ins Wasser. „Als ich dann meinen Vater in meiner Nähe im Wasser sah, war die größte Angst vorbei. Als ich dann die ersten Züge geschafft hatte, wusste ich, dass es gutgehen wird", erzählte Jens freimütig weiter.

Ähnlich geht es uns allen. Manchmal fühlen wir uns unsicher, ängstlich, vielleicht sogar in Gefahr. Was uns dann hält und trägt, ist die Hoffnung und das Vertrauen darauf, dass es letztlich – entgegen dem äußeren Anschein – doch gut wird. Dieses Vertrauen hat einen unzerstörbaren Grund: Gott selbst. Er geht mit uns durch Dick und Dünn. Er bleibt an unserer Seite. Diese Zusage kann man an seinem Namen ablesen, den er uns – wie die biblische Erzählung von der Berufung des Mose verrät – kundgetan hat: „Ich bin der ‚Ich-bin-da'". Das bedeutet: Ich sorge für dich. Ich trage dich wie auf Händen. Ich bleibe bei dir, was immer auch kommen mag. Ich lasse dich nicht untergehen.
Wer so die Welt und sich selbst sieht, der kann sich mit Zuversicht auf Neues und Unbekanntes einlassen. So wird es bei euch am Ende des Schuljahres sein. Ihr wechselt die Schule. Was dann auf euch zukommt, weiß niemand genau. Aber eines lassen die Geschichten und Bilder dieses Religionsbuches immer wieder anklingen: Der Ich-bin-da bleibt an unserer Seite.

Dieser Zuspruch macht stark und nimmt falsche Angst. Deshalb heißt es in einem Lied dieses Buches: „Er hält uns fest. So ist Gott."

A:
Bibeltext
Lies du laut vor.
Lass uns endlich anfangen.
Verstehst du das?
Ich hab schon die Lösung für die erste Aufgabe.

1. Gemeinschaft erleben

Was machst du mit deinen Talenten?

Das Gleichnis vom anvertrauten Geld

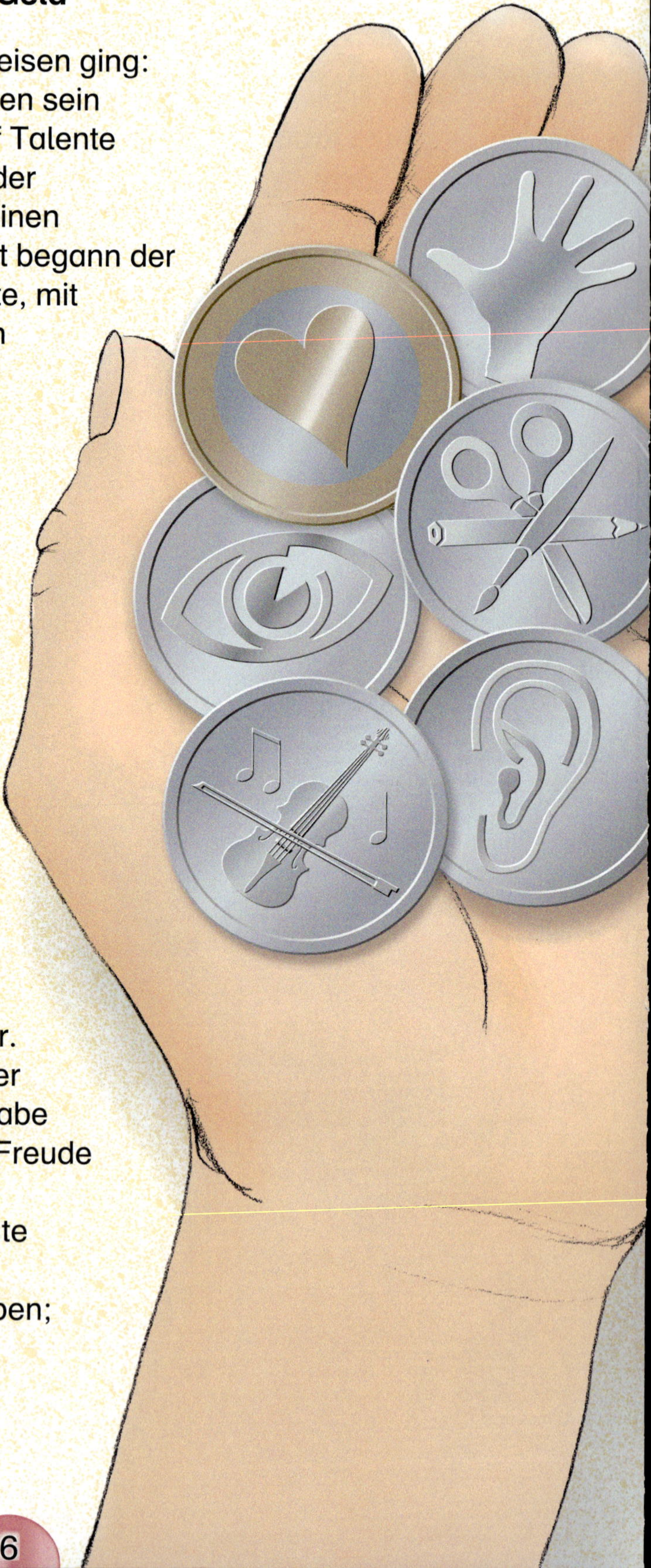

Es ist wie mit einem Mann, der auf Reisen ging: Er rief seine Diener und vertraute ihnen sein Vermögen an. Dem einen gab er fünf Talente Silbergeld, einem anderen zwei, wieder einem anderen eines, jedem nach seinen Fähigkeiten. Dann reiste er ab. Sofort begann der Diener, der fünf Talente erhalten hatte, mit ihnen zu wirtschaften, und er gewann noch fünf dazu. Ebenso gewann der, der zwei erhalten hatte, noch zwei dazu.
Der aber, der das eine Talent erhalten hatte, ging und grub ein Loch in die Erde und versteckte das Geld seines Herrn. Nach langer Zeit kehrte der Herr zurück, um von den Dienern Rechenschaft zu verlangen.
Da kam der, der die fünf Talente erhalten hatte, brachte fünf weitere und sagte: „Herr, fünf Talente hast du mir gegeben; sieh her, ich habe noch fünf dazugewonnen."
Sein Herr sagte zu ihm: „Sehr gut, du bist ein tüchtiger und treuer Diener. Du bist im Kleinen ein treuer Verwalter gewesen, ich will dir eine große Aufgabe übertragen. Komm, nimm teil an der Freude deines Herrn!"
Dann kam der Diener, der zwei Talente erhalten hatte, und sagte:
„Herr, du hast mir zwei Talente gegeben; sieh her, ich habe noch zwei dazugewonnen."

Sein Herr sagte zu ihm: „Sehr gut, du bist ein tüchtiger und treuer Diener. Du bist im Kleinen ein treuer Verwalter gewesen, ich will dir eine große Aufgabe übertragen. Komm, nimm teil an der Freude deines Herrn!“

Zuletzt kam auch der Diener, der das eine Talent erhalten hatte, und sagte: „Herr, ich wusste, dass du ein strenger Mann bist; du erntest, wo du nicht gesät hast, und sammelst, wo du nicht ausgestreut hast; weil ich Angst hatte, habe ich dein Geld in der Erde versteckt. Hier hast du es wieder.“

Sein Herr antwortete ihm: „Du bist ein schlechter und fauler Diener! Du hast doch gewusst, dass ich ernte, wo ich nicht gesät habe, und sammle, wo ich nicht ausgestreut habe.

Hättest du mein Geld wenigstens auf die Bank gebracht, dann hätte ich es bei meiner Rückkehr mit Zinsen zurückerhalten. Darum nehmt ihm das Talent weg und gebt es dem, der die zehn Talente hat! Denn wer hat, dem wird gegeben, und er wird im Überfluss haben; wer aber nicht hat, dem wird auch noch weggenommen, was er hat.

Werft den nichtsnutzigen Diener hinaus in die äußerste Finsternis! Dort wird er heulen und mit den Zähnen knirschen.“

Mt 25,14–30

1. Welche Talente sind dir geschenkt worden?
2. Wie kannst du sie für die Gemeinschaft einsetzen?

Johannes Bosco

Johannes Bosco wuchs in einer armen Bauernfamilie auf. Als er zwei Jahre alt war, starb sein Vater. Seine Mutter brauchte großes Standvermögen und Gottvertrauen: Sie musste ihn jetzt allein großziehen. Johannes Bosco wusste, was Armut bedeutete, und fühlte sich deshalb berufen, sich um arme Jugendliche zu kümmern. Durch Zauberkünste und Gauklertricks faszinierte er sie, mit seinem unbekümmerten Glauben an das Gute im Menschen gewann er ihr Zutrauen. Fröhlich sein, Gutes tun und die Spatzen pfeifen lassen; vielleicht war das sein Lieblingsspruch.

1841 wurde Johannes Bosco Priester. Seine Hauptsorge galt der Arbeiterjugend und den Straßenkindern in Turin. Für sie richtete er Schulen, Heime und Ausbildungsplätze ein. Er fand Aufmerksamkeit in der Presse und Anerkennung in der Öffentlichkeit und gewann dadurch auch Spendengelder für seine großen Hilfswerke. Er kümmerte sich verstärkt auch um Strafgefangene und half ihnen, sich in der Freiheit wieder zurechtzufinden. Er war fest davon überzeugt, dass alle diese Kinder und Jugendlichen Talente von Gott geschenkt bekommen haben. Don Bosco machte ihnen Mut, diese Fähigkeiten zu nutzen und für sich und andere auszubauen.
1846 gründete Johannes Bosco den Orden der Salesianer, der sich um schwierige Jugendliche kümmert. Ein weitverästeltes Hilfswerk, das in Boscos Geist arbeitet, wurde daraus. Bald gab es 250 Einrichtungen für Jugendliche von Europa bis Amerika.

Don Bosco half vielen Menschen, Fuß zu fassen, 18000 Lehrlinge fanden einen Ausbildungsplatz, 6000 junge Männer folgten seinem Vorbild ins Priesteramt.
Im Vertrauen auf Gott hat Johannes Bosco sich nie entmutigen lassen, so schwierig es oft auch war, durchzuhalten.

Die Salesianer Don Boscos sind heute noch einer der weitverzweigtesten Orden. Etwa 18000 Männer und rund 16000 Frauen eifern Don Bosco bis heute nach. Sie kümmern sich um verwahrloste Jugendliche und Straßenkinder auf der ganzen Welt.

Üben für den großen Auftritt im Zirkus

Eingang einer Don-Bosco-Wohngruppe

Ausbildung von Jugendlichen in Ghana in verschiedenen handwerklichen Berufen

Fußball spielen mit einer Schwester der Katholischen Jugendhilfe

Kinder in einer Don-Bosco-Schule in Ghana

1. Lest den Text. Stellt die wichtigsten Informationen über Don Bosco zusammen.
2. Sucht nach den besonderen Fähigkeiten und Begabungen, die jeder von euch hat. Seid Talentsucher!

Gemeinsam lernen

1. Lies den Text.
2. Erzählt den Text mit einem Partner abschnittsweise nach. Wechselt euch ab.
3. Befragt euch gegenseitig zum Text.
4. Schreibe den für dich wichtigsten Satz heraus.
5. Begründe, warum du den Satz gewählt hast.

Mach was!

❶ Wenn ihr einen Text gemeinsam erschließt, könnt ihr euch an diese fünf Schritte halten.

❷ Erzählt eine Talentgeschichte.

2. Gott hören

Mach deine Hausaufgaben ordentlich!
Lad' dir die schrillsten Klingeltöne runter!
PC Game!
Hör nicht auf den! Ist der blöd!
bla bla bla bla bla!
Rat-ta Rat-ta Rat-ta!
Räum dein Zimmer auf!

Vom Schweigen der Indianer

Indianer sind Menschen,
die sagen ihren Kindern nicht:
„Jetzt seid mal endlich ruhig."
Sie machen ihren Kindern
Freude an der Stille.
Sie setzen sich hin und hören zu,
wenn nichts laut wird ...
Sie sehen, wo es nichts zu sehen gibt,
und hören, wo es nichts zu hören gibt.
Vieles hören sie dann wieder neu ...

Wie in einem Traum
hören sie die Worte des Wassers,
die Gespräche der Fische
und das Wachsen des Grases.
Und sie hören in der Stille,
wie alles miteinander verbunden ist:
Der Mensch und die Erde ...
das Sandkorn und der Stern ...
der Wind und das Gras ...
der Himmel und der Mensch.

Fredrik Vahle

Lies dir die Geschichte in Ruhe durch.

Welche Gedanken kommen dir, wenn du die Geschichte liest?

Male dazu ein Bild, schreibe einen kurzen Text, vielleicht auch ein Gedicht oder schreibe die Geschichte weiter.

Was bringt dich zur Ruhe?

Was tust du, um ruhig zu werden?

Kennst du Übungen, die dich zur Ruhe bringen?

Schreibe sie auf einen Zettel und wirf ihn in die Stille-Kiste.

Wie sieht die Stille für dich aus?
Welche Farbe hat sie?

Suche dir einen ruhigen Ort in der Klasse und male die Stille mit Farben.
Überlege genau, welche Farben du benutzt.

Der Prophet Elija erzählt, wie er Gott in der Stille erfahren hat.
Lies die Geschichte in der Bibel nach:
1 Kön 19,1–13.

Jona will nicht auf Gott hören

Die Juden erzählten eine erstaunliche Geschichte: Jona, der Prophet, soll ausgerechnet nach Ninive, zu den „Gottlosen", gehen, denen er nichts Gutes wünscht.

Der Herr sprach zu Jona: „Geh nach Ninive, in die große Stadt, und droh ihr das Strafgericht an! Denn die Kunde von ihrer Schlechtigkeit ist zu mir gedrungen."
Jona machte sich auf den Weg; doch er wollte nach Tarschisch fliehen. Er fand ein Schiff, das dorthin fuhr – weit weg vom Herrn. Aber der Herr ließ auf dem Meer einen heftigen Wind losbrechen; es entstand ein gewaltiger Seesturm, und das Schiff drohte auseinanderzubrechen. Die Seeleute bekamen Angst, jeder schrie zu seinem Gott um Hilfe. Jona aber war in den untersten Raum des Schiffes hinabgestiegen und schlief fest. Der Kapitän ging zu ihm und sagte: „Steh auf, ruf deinen Gott an, damit wir nicht untergehen!" Die Seeleute warfen das Los, um zu erfahren, wer an ihrem Unglück schuld sei; es fiel auf Jona. Er gestand ihnen, dass er vor dem Herrn auf der Flucht war. Sie sagten: „Was sollen wir mit dir machen, damit das Meer uns verschont?"
Jona antwortete: „Werft mich ins Meer!" Das Meer aber stürmte immer heftiger; da riefen die Männer zu Gott: „Ach Herr, lass uns nicht untergehen wegen dieses Mannes!" Sie warfen ihn ins Meer, und es hörte auf zu toben. Der Herr aber schickte einen großen Fisch, der Jona verschlang. Jona war drei Tage und drei Nächte im Bauch des Fisches und betete zum Herrn. Da befahl der Herr dem Fisch, Jona ans Land zu speien.
Das Wort des Herrn erging zum zweiten Mal an Jona: „Geh nach Ninive und droh ihr all das an, was ich dir sagen werde." Jona machte sich auf den Weg nach Ninive. Er ging in die Stadt hinein; er ging einen Tag lang und rief: „Noch 40 Tage und Ninive ist zerstört!" Die Leute von Ninive glaubten Gott. Sie fasteten alle, und Groß und Klein zogen Bußgewänder an. Auch der König legte seinen Königsmantel ab, hüllte sich in ein Bußgewand und setzte sich in den Staub. Gott sah, dass sie umkehrten und sich von ihren bösen Taten abwandten. Er führte das Unheil nicht aus.
Das missfiel Jona ganz und gar. Er wurde zornig und sagte: „Ach Herr, eben darum wollte ich fliehen! Ich wusste, dass du ein gnädiger und barmherziger Gott bist und dass deine Drohungen dich reuen. Darum nimm mir jetzt lieber das Leben, Herr! Es ist besser für mich zu sterben als zu leben!"
Da erwiderte der Herr: „Ist es recht von dir, zornig zu sein? Mir sollte es nicht leid sein um Ninive, die große Stadt, in der mehr als 120 000 Menschen leben?"

nach Jona 1–4

1. Gestaltet die Geschichte zum Beispiel als Schattenspiel.
2. Was betete Jona im Bauch?

So ist Gott

Text: Werner Schaube
Melodie: Ludger Edelkötter

2. Er weist nicht ab, er nimmt uns an,
so ist Gott. Das glaube ich,
Gott lebt, Gott lebt, er ist da für mich.

3. Er knechtet nicht, er macht uns frei,
so ist Gott. Das glaube ich,
Gott lebt, Gott lebt, er ist da für mich.

4. Er macht nicht Angst, er gibt uns Mut,
so ist Gott. Das glaube ich,
Gott lebt, Gott lebt, er ist da für mich.

Mach was!

1. Stelle mit zwei Wollfäden dein Verhältnis zu Gott dar. Ein Faden steht für dich, ein Faden steht für Gott.
2. Erfinde eine weitere Strophe zu dem Lied.

3. Dem Fremden begegnen

Das Fremde macht Angst?

Für uns
sind
die anderen anders.

Für die anderen
sind wir anders.

Anders
sind wir.
Anders
die anderen.

Wir alle andern.

Hans Manz

Julia feiert den Sonntag

Julia wird wach. Es ist Sonntag. Von Weitem hört sie Glocken läuten. Unwillkürlich betet Julia still für sich im Bett und wünscht sich einen schönen Tag. Was er wohl bringen mag? Jetzt heißt es schnell aufstehen! Nach dem Frühstück mahnt Mama zur Eile. Die Messe fängt gleich an! Bald sitzt die ganze Familie im Gottesdienst. Beim Betreten der Kirche tupft Julia die Fingerspitzen in das Weihwasserbecken an der Wand und segnet sich mit dem Kreuzzeichen.

Während der Messe wird gesungen und gebetet. Das Mädchen kniet sich manchmal hin, sitzt oder steht in der Kirchenbank. Im Bibelwort und der Predigt erinnert der Pfarrer an Jesus und seine Jünger. Dann spricht Julia mit der Gemeinde das Glaubensbekenntnis: „Ich glaube an Gott, den Vater, den Allmächtigen, den Schöpfer des Himmels und der Erde, und an Jesus Christus, seinen eingeborenen Sohn ..." Vor der Wandlung segnet der Priester Brot und Wein. Danach spricht er das Dankgebet.

Nach dem Vaterunser geben sich alle den Friedensgruß weiter. Julia begegnet in der Kommunion Jesus im Brot. Der Pfarrer segnet die Gemeinde am Ende mit dem Kreuzzeichen. Nach der Messfeier trifft sich die Familie noch mit Freunden.

Nach dem langen Vormittag hat Julia Hunger bekommen. Vor dem Essen falten alle am Tisch die Hände, machen das Kreuzzeichen, sprechen ein Dankgebet und wünschen sich einen guten Appetit.

Abends vor dem Schlafengehen kommt Mama an Julias Bett. Sie denken noch einmal in Ruhe über den Tag nach, was schön war oder Kummer machte. Im Gebet vertraut Julia Gott alles an, was sie auf dem Herzen hat. Dann singen sie ein Gute-Nacht-Lied. Am Ende macht Mama Julia ein kleines Kreuzzeichen auf die Stirn: „In Gottes Hand bist du geborgen, was auch kommen mag!"

Kemal feiert den Freitag

Kemal wird wach. Nach dem Aufstehen betet er als gläubiger Muslim sein Morgengebet. Insgesamt betet er fünf Mal im Laufe des Tages. Das Gebet folgt einem festen Ritual. Es beginnt mit einer rituellen Waschung. Kemal spricht: „Im Namen Allahs, des Barmherzigen und Allerbarmers!" Dabei wäscht er sich die Hände. Er spült drei Mal den Mund aus und reinigt die Nase, wäscht sich drei Mal das Gesicht und beide Unterarme. Dann befeuchtet er den Kopf und streicht sich das Wasser tief in den Nacken. Nach den Ohren werden nun auch die Füße drei Mal gewaschen. Dann erst beginnt das eigentliche Gebet. Kemal rollt dazu seinen Gebetsteppich aus und richtet sich in Richtung Mekka, das ist ein gesegneter Ort für die Muslime.
Er beginnt sein Gebet mit den Worten: „Allah ist groß." Er umfasst mit seiner rechten Hand die linke und wiederholt: „Allah ist groß!" Er verbeugt sich tief: „Ehre sei Allah! – Allah ist groß!", betet er noch ein drittes Mal und kniet dazu, verbeugt sich tief, bis seine Stirn den Teppich berührt.
In dieser Verbeugung wiederholt er drei Mal folgende Worte: „Ehre sei meinem allerhöchsten Allah!", bevor er sich wieder aufrichtet mit dem Vers: „Allah ist groß!" und sich zum Verweilen in den Fersensitz begibt. Während des Gebets rezitiert Kemal immer wieder aus dem Koran. Am Ende wendet sich Kemal seinen Nachbarn zu und wünscht: „Der Friede Allahs sei mit euch!"

Heute ist Freitag. Der Freitag ist für die Muslime ein besonderer Tag wie bei uns der Sonntag. Dann treffen sie sich zum Freitagsgebet in der Moschee. Im Land, in dem Kemals Eltern geboren sind, ruft der Muezzin zum Gebet vom Minarett, dem schlanken Turm der Moschee. Denn das Mittagsgebet muss freitags in Gemeinschaft verrichtet werden.

1. Wie betet Julia? Wie betet Kemal? Vergleicht.
2. Erzähle von deinem Sonntag.

Muslime und Christen

Sohn Ismael

Gott

Abraham mit Sara

Sohn Isaak

5 Säulen des Islam

Jesus, der Prophet

Jenseits

Hadith

Jesus, der Sohn Gottes

Worte Jesu in der Bibel

Sunna

Maria

Allah

Mohammed

Leben bei Gott

Abraham mit Hagar

7 Sakramente der Kirche

Kirche

Katechismus

Moschee

Die Bibel

Der Koran

1. Kläre die Begriffe, die dir unbekannt sind. Das kleine Lexikon (ab Seite 89) hilft dir dabei.
2. Welche Begriffe gehören zum muslimischen Glauben, welche zum christlichen? Ordne zu.

Die Moschee dient auch als Koranschule.

Der Muezzin ruft zum Gebet.

Muslime versammeln sich zum Freitagsgebet in der Moschee.

Papst Benedikt XVI. trifft Ali Bardakoglu, einen wichtigen Vertreter des Islam, in der Türkei.

Muslime lassen sich den Dom in Osnabrück erklären.

Feste im Islam

Der Monat Ramadan ist der große Fastenmonat im islamischen Mondjahr, das kürzer ist als unser Sonnenjahr. Er erinnert an die erste Offenbarung an Mohammed durch den Engel Gabriel. Den ganzen Monat lang verzichten Muslime von Sonnenaufgang bis zum -untergang auf Essen und Trinken, um zu erfahren, wie kostbar die Nahrung ist, und um ein Gespür für Armut zu erhalten. Durch das Fasten (Saum) wird das Herz rein von Schuld und Sünden, sagen die Muslime. Am Abend, wenn die Sonne untergegangen ist, kommt die Familie mit Nachbarn zusammen, um ein gemeinsames Nachtmahl mit anderen zu teilen.

Das Fest des Fastenbrechens (Id al-Fitr) beendet die Zeit des Fastens. Überall wird gefeiert, werden kleine Geschenke ausgetauscht, Kinder freuen sich besonders über Süßigkeiten. Es beginnt mit einem großen Gebet in der Moschee und dauert drei Tage. Natürlich kleiden sich alle besonders festlich und gönnen sich leckeres Essen. Auch die Armen werden nicht vergessen. Am Tag des Fastenbrechens sollen sich alle versöhnt haben, die im Streit lagen. Viele Türken nennen das Fest Zuckerfest.

Das Opferfest (Id al-Adha) wird ca. zwei Monate nach Id al-Fitr gefeiert. Es ist das höchste Fest im Islam und wird überall in der Welt von Muslimen gefeiert im 12. Monat nach islamischer Zeitrechnung. Auch die große Pilgerfahrt nach Mekka, die jeder Muslim wenigstens einmal im Leben antreten soll, findet in dieser Zeit statt. Ein Schaf wird geschlachtet, das je zu einem Drittel unter den Armen, den Nachbarn und der Familie verteilt wird. Alle sollen satt werden.

Mach was!

1. Stellt eine kleine Ausstellung über den Islam zusammen.
2. Erkundige dich nach Festen anderer Kulturen und Religionen.

4. Wenn Engel sprechen

Engel im Alltag

Lieber Mister Gott!

Heute muss ich Dir schreiben, weil wir haben in der Schule aufgekriegt, einen Brief schreiben an den besten Freund, den man hat, und ihm sagen, was ich mal werden will, wenn ich groß bin und keine Schularbeiten mehr machen muss. Deshalb schreib ich an Dich, denn Fynn ist ja hier, dem kann ich nicht schreiben, oder er würde darüber lachen. Du lachst aber nie, wenn Du mir beim Schreiben über die Schultern guckst. Das find ich prima, weil, sonst würd ich ~~vileicht~~ vielleicht rot werden. Was ich mal werden ~~möht~~ möchte, ist Engel: Das hab ich noch niemand gesagt, auch Fynn nicht. Deshalb weiß ich auch noch nicht, wo man die Flügel herkriegt.
Stimmt es, dass man da erst tot sein muss? Das hat Robbie aus der Mortonstreet gesagt, der Torwart werden will. Der glaubt an ~~überhaubt~~ überhaupt nichts außer Fußball.
Und er sagt, ein Engel ist bloß dazu da, dass kein Ball ins Netz geht. Ich möchte aber mehr tun, wenn ich mal ein Engel bin.

Deine Anna

A 45 in Richtung Dortmund ...
se für den Verkehr blockiert. Es kam zu Stauungen.

Schutzengel

Mülheim. Ein 9-jähriges Mädchen überlebte den Sturz aus einem zehnstöckigen Wohnhaus. Das Mädchen hatte sich aus dem Fenster gelehnt und nach dem Schulbus Ausschau gehalten. Dabei stürzte es in den Vorgarten des Hauses.

Plätze für Kleinkinder

Am Samstag war ich einkaufen. Das ist für mich immer sehr anstrengend und mühsam, weil ich nicht mehr so schnell laufen kann und einen Stock brauche. Und dann ist mir auch noch die Tüte mit den Nudeln aus der Hand gefallen und ich wusste nicht, was ich machen sollte, weil ich mich doch nicht mehr gut bücken kann. Ich habe mich ein bisschen geschämt. Aber auf einmal kam ein kleines Mädchen um die Ecke, hat die Tüte aufgehoben und sie mir in die Hand gegeben.

Fridolin, 85 Jahre

Schutzengel passte auf

Gestern gegen 9.00 Uhr fuhr Nina B. mit ihren Kindern Tom (3) und Jannik (6) im Auto zum Kindergarten. Am Bahnübergang zeigte die Ampel grün und die Schranke war geöffnet. Frau B. fuhr in dem Moment über den Bahnübergang, als ein Güterzug über die Schienen raste. Der Zug erfasste die Motorhaube des Autos und zerstörte den vorderen Teil des Wagens. Wie durch ein Wunder blieb die Mutter mit ihren Kindern unverletzt. Alle trugen nur Prellungen davon. Mitarbeiter der Bahn stellten später fest, dass die Schranken und die Signalanlage einen Defekt hatten.

1. Suche weitere Beispiele, in denen von Engeln die Rede ist.
2. Vergleiche und finde heraus, was Menschen meinen, wenn sie von Engeln sprechen.

Die Botschaft des Engels

Gott schickte den Engel Gabriel als seinen Boten in die Stadt Nazaret im Gebiet von Galiläa. Gabriel war zu einer Jungfrau mit Namen Maria ausgesandt. Sie war verlobt mit einem Mann, der Josef hieß. Josef gehörte zu den Nachkommen des Königs David.

Der Engel trat bei Maria ein und sagte: „Sei gegrüßt, Maria. Du bist erfüllt von Gnade. Der Herr ist mit dir." Maria erschrak und überlegte, was dieser Gruß bedeuten sollte. Da sagte der Engel zu ihr: „Fürchte dich nicht, Maria, denn Gott hat dich auserwählt. Du wirst einen Sohn zur Welt bringen. Du sollst ihm den Namen Jesus geben. Er wird Macht haben und man wird ihn Sohn des Höchsten nennen. Gott, der Herr, wird ihm den Thron Davids geben und seine Königsmacht wird kein Ende haben."
Maria entgegnete dem Engel: „Wie soll das möglich sein, wenn ich mit keinem Mann zusammenlebe?"
Der Engel antwortete ihr: „Der Heilige Geist wird über dich kommen und die Kraft Gottes wird dich umhüllen. Deshalb wird dein Kind heilig sein und man wird es Sohn Gottes nennen. Auch deine Verwandte Elisabeth erwartet in ihrem hohen Alter noch einen Sohn. Für Gott ist nichts unmöglich." Danach verließ der Engel sie.

Diese Begegnung ließ Maria keine Ruhe. Deswegen machte sie sich nach einigen Tagen auf den Weg zu ihrer Verwandten. Sie ging in das Haus des Zacharias und begrüßte seine Frau Elisabeth. Als Elisabeth den Gruß Marias hörte, spürte sie, wie das Kind in ihrem Leibe hüpfte. Sie rief mit lauter Stimme: „Gesegnet bist du Maria und gesegnet ist das Kind in deinem Leib. Ich bin es nicht wert, dass die Mutter meines Herrn mich besucht. Selig bist du! Denn du hast geglaubt, dass es wahr wird, was Gott dir sagen ließ."
Da sagte Maria:

„Meine Seele preist voll Freude den Herrn,
mein Geist ist voll Jubel über Gott, meinen Retter.
Denn er hat gnädig auf mich, seine Magd, geschaut.
Von nun an preisen mich alle Menschen glücklich.
Denn der Mächtige hat an mir Großes getan;
sein Name ist heilig.
Er schenkt sein Erbarmen allen, die ihm in Ehrfurcht dienen.
Sein starker Arm vollbringt gewaltige Taten:
Er macht die Pläne der Stolzen zunichte;
er stürzt die Mächtigen vom Thron und bringt die Armen zu Ehren;
er beschenkt mit seinen Gaben die Hungrigen,
die Reichen aber schickt er mit leeren Händen fort."

nach Lk 1,26–56

1 Wie wird Maria auf dem Bild dargestellt?

2 Gestalte zu einem Satz aus dem Lobgesang Mariens (Magnifikat) ein Bild.

Engel sein

Welcher Engel wird uns zeigen, wie das Leben zu bestehn?
Welcher Engel schenkt uns Augen, die im Keim die Frucht schon sehn?
Wirst du für mich, werd ich für dich der Engel sein?

Welcher Engel öffnet Ohren, die Geheimnisse verstehn?
Welcher Engel leiht uns Flügel, unsern Himmel einzusehn?
Wirst du für mich, werd ich für dich der Engel sein?

Wilhelm Willms

Mach was!

1. Durch welche Worte kannst du für einen anderen Menschen „zum Engel“ werden? Schreibe sie auf einen Papierstreifen.
2. Gestalte einen Engel auf dem Boden einer Streichholzschachtel und lege den Papierstreifen dazu. Beklebe die Schachtel mit buntem Papier und verschenke deinen Engel.

5. Wir Menschen in der Schöpfung Gottes

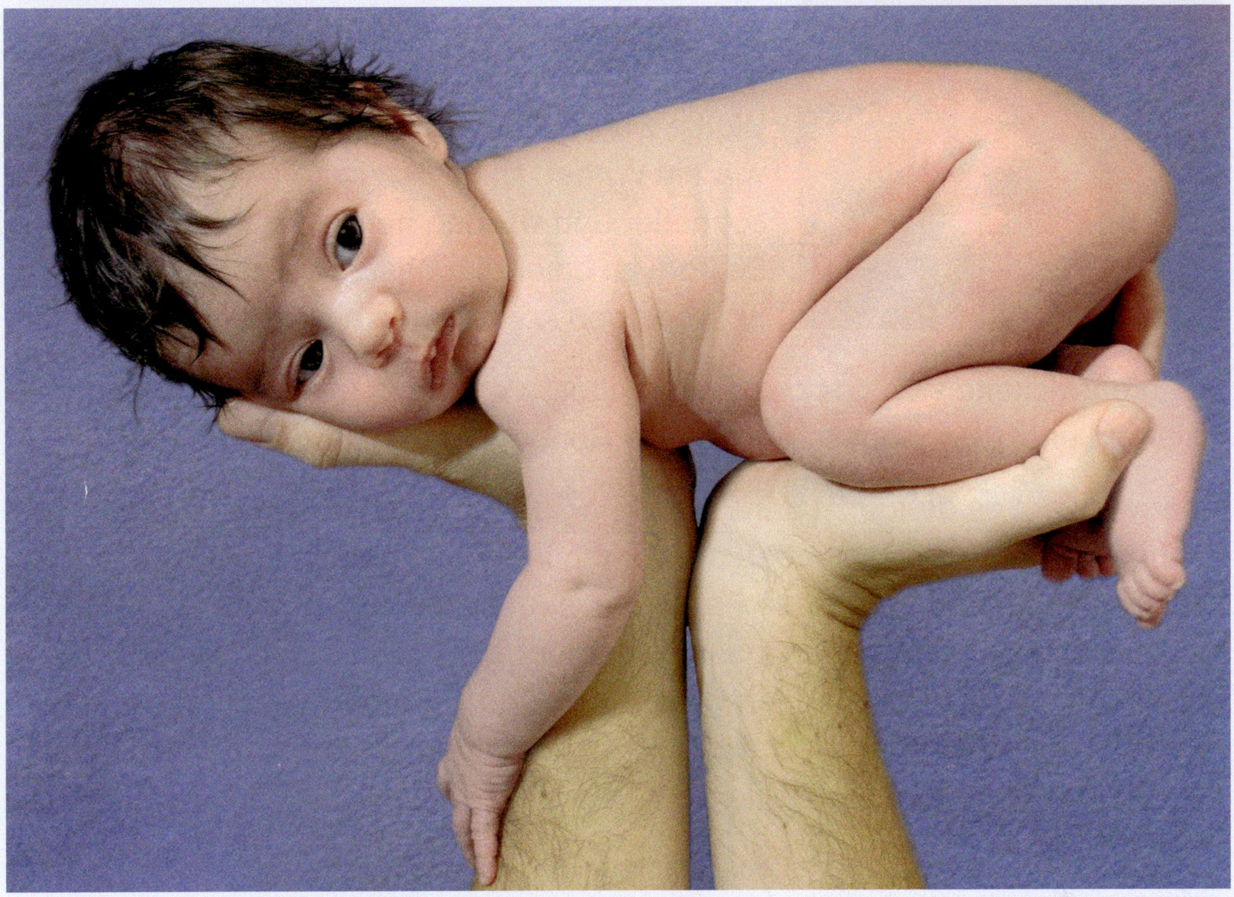

Ein kleines Wunderwerk

Ich bin ein kleines Wunderwerk, zart und prächtig,
mich gibt's nur einmal!
Mal bin ich klein, dann wieder mächtig,
aber voller Geheimnisse allemal.

Ich bin die Krone der Schöpfung, bin ohnegleichen
mit Hand und Herz und Fantasie.
Da können mich Tiere und Pflanzen nicht erreichen,
aber ohne sie leben könnte ich nie.

Wir sind die Größten auf diesem Stern.
Er trägt uns und erhält uns am Leben.
Wir bewahren ihn und haben ihn gern,
denn von einem anderen
ist er uns übergeben.

Woher kommt unsere Welt?

Das sagen die Naturwissenschaftler:
Vor etwa 14 Milliarden Jahren gab es nur eine wirbelnde Urwolke aus Gas und Staub. Diese Wolke wurde dichter und dichter und drehte sich wie ein Wirbel. Die Gasteilchen wirbelten immer schneller und wurden heiß.
Es kam zu einer gigantischen Explosion. Die Kosmologen sprechen von dem Urknall.

Darin entwickelte sich das gesamte Weltall. Vor knapp fünf Milliarden Jahren entstand unser Sonnensystem und die Sonne strahlte zum ersten Mal.

Aber wie kam es genau zu der Entstehung unseres Universums? Welche Kräfte und Naturgesetze haben den Urknall möglich gemacht? Unsere Wissenschaftler können diese Fragen nicht beantworten, aber in einem sind sie sich ziemlich sicher: Dass es immer eine Ordnung gab. Und durch astronomische Beobachtungen wissen wir: Das gesamte Weltall bewegt sich mit einer rasanten Geschwindigkeit und dehnt sich immer weiter aus. Der Schwung des Anfangs wirkt noch immer.

Eine Milliarde Jahre dauerte es, bis sich die Erde abkühlte und eine Kruste bildete. Nach weiteren vielen Millionen Jahren passierte ein ganz wichtiger Entwicklungsschritt: Es fiel der erste Regen.

Es war ein Jahrtausende anhaltender Dauerregen, der fast den ganzen Planeten überflutete. Nun entstanden auch die ersten bakteriengroßen Lebewesen. Aber wie das genau geschah, ist bis heute ungeklärt. Aber eines ist sicher: Alles Leben, Pflanze, Tier und Mensch, besteht aus den gleichen Bausteinen.

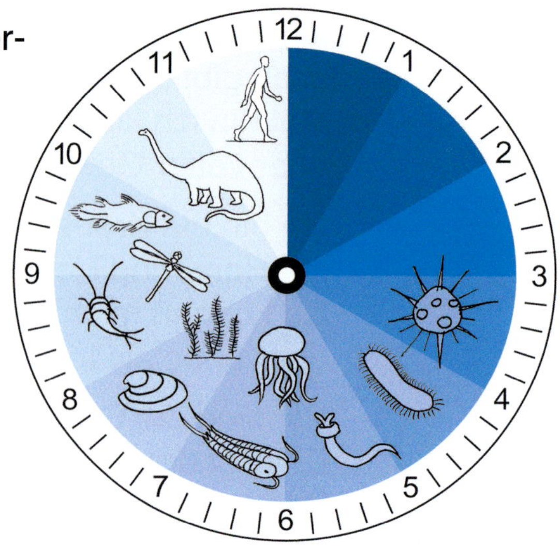

Kann das alles nur Zufall sein?

Immer schon haben die Menschen angesichts der Schönheit der Welt und der Naturgewalten geahnt, dass es eine höhere Macht gibt, der alles zu verdanken ist. Sie wussten noch nichts vom Gott der Bibel; sie spürten aber etwas von seinem Wirken in all ihrer Erfahrung.

Nachfolgend findest du eine Hymne aus dem alten Ägypten, ein jüdisches Lobeslied und den Anfang unseres Glaubensbekenntnisses.

Hymne an Amun-Atum (Ägypten)

Du bist der Einzige, der schuf,
was da ist,

der Einzige, der allein war, als er alles
Wesen schuf,

aus dessen Augen die Menschen
herauskamen,

aus dessen Mund die Götter entstanden,

der das Kraut für die Herden schuf

und den Lebensbaum für die Menschen;

der hervorbringt, wovon die Fische
im Strom leben,

und die Vögel, die am Himmel
dahinfliegen;

der dem Küken im Ei Luft gibt,

und der das Junge der Schlange ernährt;

der schafft, wovon die Mücken leben,

und ebenso die Würmer und Flöhe;

der schafft, wessen die Mäuse in ihren
Löchern bedürfen,

und der die Vögel in jedem Baum
ernährt.

Heil dir, der dies alles schuf,
einzig und allein.

aus Ägypten

Halleluja!

Lobt den Herrn, Sonne und Mond,

lobt ihn, all ihr leuchtenden Sterne;

lobt ihn, alle Himmel

und ihr Wasser über dem Himmel!

Loben sollen sie den Namen des
Herrn:

Denn er gebot und sie waren
erschaffen.

Er stellt sie hin für immer und ewig,

er gab ihnen ein Gesetz,

das sie nicht übertreten.

Lobt den Herrn, ihr auf der Erde,

ihr Berge und all ihr Hügel,

ihr Könige und alle Völker,

loben sollen sie den Namen
des Herrn.

nach Ps 148

So bekennen die Christen:

Ich glaube an Gott,

den Vater, den Allmächtigen,

den Schöpfer des Himmels

und der Erde.

1 Welche große Frage will die Hymne beantworten?

2 Schreibe das Loblied „Halleluja“ weiter.

Loblied auf den verborgenen Gott

Im Anfang erschuf Gott den Himmel und die Erde. Die Erde aber war noch wüst und wirr. Finsternis lag über dem Wasser. Und Gottes Geist schwebte darüber.

Gott sprach: „Es werde Licht." Und es wurde Licht. Gott sah, dass das Licht gut war. Und Gott trennte das Licht von der Finsternis. Gott nannte das Licht Tag. Die Finsternis nannte er Nacht. Es wurde Abend und es wurde Morgen: erster Tag.

Dann sprach Gott: „Es soll ein Gewölbe entstehen, mitten im Wasser." Gott machte also das Gewölbe. Er trennte damit das Wasser über dem Gewölbe von dem Wasser unter dem Gewölbe. So geschah es. Gott nannte das Gewölbe Himmel. Es wurde Abend und es wurde Morgen: zweiter Tag.

Dann sprach Gott: „Das Wasser unterhalb des Himmels sammle sich an einem Ort, damit das Trockene sichtbar werde." So geschah es. Das Trockene nannte Gott Land und das angesammelte Wasser nannte er Meer. Gott sah, dass es gut war.

Dann sprach Gott: „Das Land lasse junges Grün wachsen, alle Arten von Pflanzen, die Samen tragen, und von Bäumen, die auf der Erde Früchte bringen mit ihrem Samen darin." So geschah es. Gott sah, dass es gut war. Es wurde Abend und es wurde Morgen: dritter Tag.

Dann sprach Gott: „Lichter sollen am Himmelsgewölbe sein, um Tag und Nacht zu scheiden." So geschah es. Gott machte die beiden großen Lichter, das größere, das über den Tag herrscht, das kleinere, das über die Nacht herrscht, auch die Sterne. Gott sah, dass es gut war. Es wurde Abend und es wurde Morgen: vierter Tag.

Dann sprach Gott: „Das Wasser wimmle von lebendigen Wesen und Vögel sollen über dem Land am Himmelsgewölbe dahinfliegen." Gott sah, dass es gut war. Es wurde Abend und es wurde Morgen: fünfter Tag.

Dann sprach Gott: „Das Land bringe alle Arten von lebendigen Wesen hervor, von Vieh, von Kriechtieren und von Tieren des Feldes." So geschah es. Gott sah, dass es gut war.

Dann sprach Gott: „Lasst uns Menschen machen. Sie sollen herrschen über die Fische des Meeres, über die Vögel des Himmels, über das Vieh, über die ganze Erde." Gott schuf also den Menschen als sein Abbild; als Abbild Gottes schuf er ihn. Als Mann und Frau schuf er sie. Gott sah, dass alles, was er gemacht hatte, sehr gut war. Es wurde Abend und es wurde Morgen: sechster Tag.

Am siebten Tag vollendete Gott das Werk, das er geschaffen hatte und er ruhte am siebten Tag. Gott segnete den siebten Tag und erklärte ihn für heilig.

Das ist die Geschichte, wie Himmel und Erde erschaffen wurden.

nach Gen 1,1–2,4a

Die gute Schöpfung bewahren

Text: Eckart Bücken
Melodie: Fritz Baltruweit

2. Gott gab uns Ohren, damit wir hören.
Er gab uns Worte, dass wir verstehn.
Gott will nicht diese Erde zerstören.
Er schuf sie gut, er schuf sie schön.
Gott will nicht diese Erde zerstören.
Er schuf sie gut, er schuf sie schön.

3. Gott gab uns Hände, damit wir handeln.
Er gab uns Füße, dass wir fest stehn.
Gott will mit uns die Erde verwandeln.
Wir können neu ins Leben gehen.
Gott will mit uns die Erde verwandeln.
Wir können neu ins Leben gehen.

Mach was!

1. Lest den Liedtext durch und macht eine Gegenüberstellung: Was Gott uns gab – Wozu wir die Gabe gebrauchen sollen.
2. Organisiert eine Ausstellung „Die Schöpfung ist schön“. Schreibt auf Tonpapierstreifen, wie ihr zur Bewahrung der Schöpfung beitragen könnt, und legt die Streifen dazu.

6. Die Bibel lesen

Liebe Jana,
ich habe mich sehr über Deinen Brief gefreut. Morgen Nachmittag habe ich Zeit und würde mich auch gerne mit Dir treffen. Vielleicht können wir zusammen…

In einem leeren Haselstrauch,
sitzen drei Spatzen Bauch an Bauch.
Der Erich rechts und links der Franz
und mitten drin der freche Hans.
Sie haben die Augen zu, ganz zu,
und obendrüber, da schneit es, hu!
…men dicht an dicht.
…ns
…r Herzen Gepoch.
…eg sind,

Müde bin ich, geh zur Ruh,
schließe beide Augen zu …

Lieber Gott,
heute war ein toller Tag.
Ich habe …

berg … …ngen … Geschichte müsse auch auf d… Kapitel ihrer Vergangenheit au… machen.

Unfall

Gestern gegen 18.00 Uhr ereignete sich in der Breslauer Straße folgender Unfall: Drei kleine Kinder im Alter zwischen 4 und 6 Jahren spielten mit einem Ball auf der Straße, als plötzlich ein PKW aus ein… einb…

Wer im Glasbaus sitzt, …

Wer andern eine Grube gräbt, …

Detektiv Philipp Marlo ermittelt

Es war heiß im Büro. Die Frau mit dem großen roten Hut und der auffälligen Diamantbrosche schob ihm einen dicken Umschlag zu, Philipp Marlo blickte auf den Umschlag, dann sah er der Frau direkt ins Gesicht. „Es würde mir sehr viel bedeuten, wenn Sie den Auftrag annähmen“, sagte sie. Philipp Marlo nickte. Er würde den Auftrag annehmen, schließlich war er Privatdetektiv. Langsam beugte sich v…

Es war einmal ein Müller, der war arm, aber er hatte eine schöne Tochter. Nun traf es sich, dass er mit dem König zu sprechen kam und zu ihm sagte: „Ich habe eine Tochter, die kann Stroh zu Gold spinnen.“ …

Als Jesus die vielen Menschen sah, stieg er auf einen Berg. Er setzte sich, und seine Jünger traten zu ihm. Dann begann er zu reden und lehrte sie. Er sagte: Selig, die arm sind vor Gott; denn ihnen gehört das Himmelreich. Selig die Trauernden; … werden.

Ein Evangelist erzählt

Ich heiße Lukas und bin ein Evangelist. Ich möchte ein Evangelium schreiben. Das bedeutet, ich will alles sammeln und aufschreiben, was die Menschen von Jesus wissen. Jesus ist schon vor fünfzig Jahren gestorben, aber das, was er erzählte und in die Tat umsetzte, fasziniert die Menschen heute noch.

Seine Botschaft vom Reich Gottes hat auch mich angesteckt. Ich bin kein Jude, aber was die Menschen von Jesu Kreuzigung und seiner Auferstehung berichten, hat mich überzeugt. Ich werde mein Buch in griechischer Sprache aufschreiben. Das ist meine Muttersprache.

Es gibt schon ein Evangelium, das ich mir natürlich genau angeguckt habe. Daraus werde ich Teile für mein Evangelium übernehmen. Dieses erste Evangelium ist vor ungefähr 20 Jahren von einem Mann mit dem Namen Markus aufgeschrieben worden.
Zusätzlich werde ich auch Gebete, Lieder, Sprüche und Gleichnisse in mein Evangelium einfügen. Markus kannte einige Gleichnisse noch nicht, die ich besitze. Mir ist auch besonders wichtig zu erzählen, dass Jesus sich um die Armen und Kranken gekümmert hat. Er war der Heiland der Ausgestoßenen, der Sünder, der Benachteiligten und der Kinder.

Die Leute, die mein Evangelium lesen werden, sind nicht arm oder ausgestoßen. Sie sind eher gebildet. Oft sind sie gar keine Juden. Sie glauben an Jesus. Für diese Menschen, die jetzt nach dem Tod Jesu leben und ihn gar nicht mehr kennen, schreibe ich mein Evangelium.
Sie sollen die Geschichten von und über Jesus verstehen. Ich will alles noch einmal aufschreiben, um sie in ihrem Glauben zu stärken. Natürlich schreibe ich in erster Linie für die Christen. Aber auch die Menschen, die nicht an Gott glauben, die Heiden, will ich ansprechen. Es wäre gut für die Menschen, wenn sie mein Evangelium lesen und sich dann von der Botschaft vom Reich Gottes anstecken ließen.

1. Hier sind die vier Evangelisten abgebildet. Erkundige dich nach ihnen.
2. Welche Symbole werden ihnen zugeordnet und was bedeuten sie?

DAS ALTE TESTAMENT (AT)

DAS NEUE TESTAMENT (NT)
Die Evangelien:
Matthäus
Markus
Lukas
Johannes
Die Apostelgeschichte:
Apostelgeschichte
Die Briefe des Paulus:
Römer
1.Korinther
2.Korinther
Galater
Epheser
Philipper
Kolosser
1.Thessalonicher
2.Thessalonicher
Die Pastoralbriefe:
1.Timotheus
2.Timotheus
Titus
Philemon
Hebräer
Die Katholischen Briefe:
Jakobus
1.Petrus
2.Petrus
1.Johannes
2.Johannes
3.Johannes
Judas
Das prophetische Buch:
Offenbarung des Johannes

Bibel verstehen lernen

1. Lies den Text.
2. Erzählt den Text abschnittsweise nach.
3. Wer hat den Text geschrieben?
4. In welchem Buch der Bibel steht der Text?
5. Zu welcher Kategorie gehört der Text: Erzählung, Lyrik, Brief, Sachtext, Gebet, Wunder, Gleichnis, Sprichwort?
6. Schreibe den wichtigsten Satz heraus.
7. Begründe, warum du diesen Satz gewählt hast.

Mach was!

1. Lest die Emmausgeschichte (Lk 24,13–24) und erschließt sie anhand dieser sieben Schritte.
2. Was könnt ihr mit diesem biblischen Text außerdem machen, um ihn besser zu verstehen?

7. Sehnsucht nach Leben

Wenn ich groß bin …

Ich hab viel vor, wenn ich groß bin.
Ich will alles ganz anders machen.
Ich will die Welt besser
und das Leben schöner machen.

Auf der Suche nach Heil

Der Freund eines Gelähmten erzählt:

Kafarnaum hat sich verändert. Das war überall zu spüren. Immer wenn Jesus sich in seiner Heimatstadt aufhielt, geriet bei uns alles in Bewegung. Einige von uns folgten ihm auf Schritt und Tritt, denn was wir von ihm gehört und gesehen hatten, übertraf alle Vorstellungen und Erwartungen. Ich habe miterlebt, wie Leute die Kranken zu den Brüdern Petrus und Andreas brachten, wenn Jesus dort war und die Kranken gesund wurden. Es bildeten sich wahre Menschentrauben vor ihrer Tür, dass man denken konnte, die halbe Stadt sei am Fischerhaus versammelt. Ich bin oft dabei gewesen, und was ich gehört und gesehen habe, hat mich tief beeindruckt und auch verändert. Jesus heilte die Kranken und sprach zu den Menschen von der neuen Welt Gottes. Das gab vielen neuen Lebensmut. Jesus sagte: „Lasst euch von der Liebe Gottes leiten. Ändert euer Leben! Glaubt der guten Nachricht: Ich bringe euch Gottes neue Welt, das Reich Gottes."

Ich habe mich mit meinen Freunden beraten, denn wir hatten einen Nachbarn, der seit Jahren gelähmt war. Wir sahen sein Leid und seine Verzweiflung. Dann war für uns klar: „Wir tragen ihn zum Fischerhaus, wo Jesus ist." So geschah es.

Aber als wir ankamen, standen viele Menschen dicht gedrängt vor der Tür. Es war kein Durchkommen. Drinnen stand Jesus und sprach zu ihnen. Was konnten wir tun? Mir kam der Gedanke: „Wir gehen um das Haus und steigen die Treppe hinauf zum Dach. Nehmt ein paar Stricke mit!" Wir vier trugen den Gelähmten auf seiner Matte auf das Flachdach. Wir brachen an einer Stelle des Daches ein Loch, zogen die geflochtenen Zweige heraus und vergrößerten das Loch, bis wir den Gelähmten mit den Stricken durch das Dach hinunterlassen konnten. Nun lag er vor Jesus im Haus. Wir riefen: „Jesus, hilf ihm!" Jesus sah alles, das Leid des Gelähmten und unsere Hoffnung für ihn und die zweifelnden Gesichter der anderen. Er wollte das ganze Leben des Gelähmten heilen und sagte: „Dir sind deine Sünden vergeben. Steh auf, nimm deine Matte und geh zu deiner Familie." Als der Gelähmte aufstand, waren alle ganz außer sich. Sie lobten Gott und sagten: „So etwas haben wir noch nie gesehen. Es ist wirklich wahr, bei uns hat das Reich Gottes schon begonnen."

Kafarnaum ist in Bewegung geraten. Unsere Hoffnung für unseren Nachbarn hat sich erfüllt.

nach Mk 2,1–12

Jesus macht Mut

Jesus bewegt die Menschen seiner Umgebung. In großer Zahl laufen sie ihm nach. Sie werden hellhörig, wenn Jesus über die Güte und Barmherzigkeit Gottes spricht, und sie staunen über seine machtvollen Taten. Sie beginnen zu hoffen, dass Gott ihr Leben bald heller werden lässt. Und Jesus erzählt ihnen von Gottes neuer Welt, die jetzt schon angebrochen ist.
Der Evangelist Matthäus hat diese Hoffnungsbilder von Jesus gesammelt und an einer Stelle in seinem Evangelium aufgeschrieben. Diese Sammlung nennt man Bergpredigt.

Selig, die arm sind vor Gott;
denn ihnen gehört das Himmelreich.
Selig die Trauernden;
denn sie werden getröstet werden.
Selig, die keine Gewalt anwenden;
denn sie werden das Land erben.
Selig, die hungern und dürsten nach der Gerechtigkeit;
denn sie werden satt werden.
Selig die Barmherzigen;
denn sie werden Erbarmen finden.
Selig, die ein reines Herz haben;
denn sie werden Gott schauen.
Selig, die Frieden stiften;
denn sie werden Kinder Gottes genannt werden.
Selig, die um der Gerechtigkeit willen verfolgt werden;
denn ihnen gehört das Himmelreich.

nach Mt 5,1–10

1. Überlege dir weitere Hoffnungsbilder im Sinne der Bergpredigt.
2. Suche dir eines dieser Hoffnungsbilder aus und male es.

Wer ist dieser Jesus?

Kann man Jesus glauben? Ist er wirklich der Retter, der uns von Not und Leid befreit und den die Propheten angekündigt haben? Ist seine Botschaft von der Liebe Gottes wirklich wahr?
Solche und ähnliche Fragen stellten sich die frommen Juden. Und die Jünger selbst, die immer in der Nähe des Herrn waren, was glaubten sie über Jesus? Jesus selbst wollte es wissen.

Da fragte Jesus seine Freunde: „Was glauben die Menschen: Wer bin ich?" Sie erwiderten: „Die einen halten dich für Johannes den Täufer, andere für irgendeinen Propheten und …" „Und ihr", fragte Jesus, „was glaubt ihr: Wer bin ich?" Da antwortete Petrus: „Du bist der Messias, der Gesalbte, den Gott geschickt hat, Christus, der Herr!"

nach Mk 8,27–29

Jesus, du bist mein Freund,
du liebst mich mehr,
als ich mir vorstellen kann.
Du bist wie Brot für mich.
Du gibst mir Mut und Kraft,
deshalb brauche ich vor nichts
Angst zu haben.
Ich danke dir und bitte dich:
Lass mich jeden Tag spüren,
dass du an meiner Seite bist.

Amen

Für mich ist Jesus wichtig, weil …

Mach was!

1. Welcher Satz aus dem Gebet ist für euch der wichtigste? Diskutiert in eurer Gruppe darüber.
2. Wie geht für dich der Satz in der Sprechblase weiter? Vergleicht eure Antworten.

8. Das Wort weitersagen

sich zu Wort melden

ein Wort für andere einlegen

etwas frei heraussagen

zu Unrecht nicht schweigen

seine Meinung sagen

den Mund aufmachen, wenn andere schweigen

eine gute Nachricht weitersagen

das Wort ergreifen

Die Bekehrung des Saulus

Saulus wütete nach dem Tod Jesu weiter gegen die jungen Christengemeinden. Auf dem Weg nach Jerusalem kurz vor Damaskus umstrahlte ihn plötzlich ein helles Licht und er stürzte zu Boden. „Saulus, Saulus, warum verfolgst du mich?", hörte er die Stimme Jesu. „Steh auf und geh in die Stadt. Dort wird dir gesagt, was du tun sollst!" Saulus wollte sich aufrichten, aber er konnte nicht mehr sehen. Seine Begleiter stützten ihn und führten ihn in die Stadt. Er aß nichts und trank nichts mehr.

Zur gleichen Zeit hatte Hananias, ein Jünger Jesu in Damaskus, eine Vision: „Hananias!", so rief ihn die Stimme des Herrn, „steh auf und geh zur Geraden Straße und frag im Haus des Judas nach einem Mann namens Saulus aus Tarsus! Er ist blind. Du wirst ihn betend finden. Er hat geträumt, dass du ihm die Hand auflegst, damit er wieder sehen kann!"

Hananias schreckte auf und rieb sich die Augen. Was hatte er da geträumt? Was hatte der Herr ihm gesagt? Ausgerechnet zu diesem Saulus, der sie als Christen verfolgte und vor Gericht zerrte, sollte er gehen? Ihm die Hand auflegen, um ihn zu heilen? „Herr, was habe ich nicht alles Böses von Saulus gehört. Weißt du nicht, was er deinen Jüngern angetan hat? Er lässt alle verhaften, die deinen Namen anrufen!"

Der Herr aber sprach: „Geh nur. Ich habe ihn erwählt, ihn will ich senden. Er wird meine Botschaft bis an die Grenzen der Erde tragen! Er wird für meinen Namen viel auf sich nehmen und erleiden müssen!"

Da besuchte Hananias Saulus, legte ihm die Hände auf und sagte: „Bruder Saulus! Der Herr sendet mich zu dir, der dir unterwegs nach Damaskus erschien und dich erblinden ließ. Du sollst wieder sehen und mit heiligem Geist erfüllt werden."

Sofort fiel es ihm wie Schuppen von den Augen. Er sah wieder klar und ließ sich taufen.

Von nun an verfolgte Saulus die Christen nicht mehr. Er ging in die Synagoge und predigte vom Sohn Gottes. Die Juden, die das hörten, gerieten in Aufregung. Sie sagten zueinander: „Ist das nicht der Saulus, der die Jünger dieses Jesus von Nazaret verfolgt hat und vernichten wollte? Was ist mit ihm geschehen?“ Saulus geriet nun selbst in Gefahr, da sie begannen, ihm nach dem Leben zu trachten. Er musste Damaskus verlassen.

Mit anderen Anhängern von Jesus traf Saulus in Antiochia zusammen. Als die Gemeinde zu Ehren des Herrn Gottesdienst feierte, gab der Heilige Geist ihnen die Weisung: „Wählt mir Barnabas und Saulus aus. Sie sollen das Wort des Herrn in die Welt tragen.“ Sie legten ihnen die Hände auf und segneten sie. Saulus, der auch Paulus genannt wurde, verließ mit Barnabas Antiochia und verkündigte das Wort Gottes in der Welt: „Jesus ist der Messias. Er ist gekreuzigt worden und Gott hat ihn auferweckt.“

nach Apg 9,1–22; 13,1–9

1 Beschreibe, welche Veränderung Saulus erfahren hat. Lies dazu auch in der Bibel Apg 22.

Paulus unterwegs

Zeitung für Antiochia

Aufruhr in der Synagoge

Antiochia: Am letzten Sabbat kam es im Anschluss an die Feierlichkeiten in der Synagoge zu Antiochia zu heftigen Diskussionen unter den Gläubigen. Zahlreiche Gläubige stritten lautstark über die Predigt zweier Juden, die in der Synagoge das Wort ergriffen hatten. Paulus aus Tarsus und Barnabas hatten in der Predigt über Gottes herrliche Taten berichtet: Wie er das Volk Israel aus Ägypten befreite und wie er Jesus als seinen Sohn geschickt hat, um das Volk erneut zu retten. Die Schriftgelehrten und einige mächtige Juden widersprachen den beiden Fremden. Ihr Hauptargument war: Wie kann Jesus der Sohn Gottes sein? Trotzdem fanden die Fremden viele Anhänger und verließen die Stadt.

nach Apg 13,14–52

Rom Anzeiger

Gefangen in der eigenen Wohnung

Rom: Der aus Jerusalem überführte Paulus lebt nun schon einige Zeit in einer Wohnung in Rom als Gefangener des Kaisers. Immer wieder kommen Gerüchte auf, wonach er auch hier in Rom Juden und Heiden in seiner Wohnung empfängt, um ihnen die Heilsbotschaft von Jesus Christus, dem Messias, zu verkünden. Die Juden in Jerusalem werfen ihm Gotteslästerung vor, weshalb er sich vor dem Kaiser verantworten soll.

nach Apg 28,16–31

Athen Rundschau

Verhandlung vor dem Areopag (Rat der Stadt Athen)

Athen: Beim Treffen der führenden Männer Athens ergriff gestern ein bemerkenswerter Mann das Wort. Paulus, der schon in anderen Städten für Aufsehen gesorgt hatte, hielt eine lange Rede vor dem Areopag. Hier ein Auszug seiner Rede: „Athener, nach allem, was ich gesehen habe, seid ihr sehr fromme Menschen. Vielen Göttern habt ihr Denkmäler gebaut. Selbst einen Altar für den Unbekannten Gott. Wer dieser Unbekannte ist, das will ich euch sagen: Es ist der Herr, der alles gemacht hat. Er wohnt nicht in einem Tempel von Menschenhand oder in steinernen Gebilden. Es ist dieser Gott, der seinen Sohn zu uns gesandt hat. Es ist Jesus Christus, der den Tod überwunden hat."

nach Apg 17,16–34

1. Vergleiche die Artikel. Welche Gemeinsamkeiten erkennst du?
2. Schreibe wichtige Sätze heraus. Fasse die Botschaft des Paulus in einem Satz zusammen.

Wie Paulus haben sich viele Menschen von der Frohen Botschaft begeistern lassen und sie weitergegeben. Eine davon war Elisabeth von Thüringen.

Das Rosenwunder

Eines Tages ging Elisabeth wieder einmal barfuß den steilen Weg von der Burg hinab ins Tal zu den Bedürftigen. Wer würde in dieser armseligen Gestalt eine adelige Frau vermuten, die Landesfürstin gar?
Unter ihrem verschlissenen Umhang trug sie einen großen, schweren, mit Broten gefüllten Korb. Immer wieder war sie angefeindet und gerügt worden, weil sie die wertvollen Güter und Schätze des Fürsten einfach unter den armen Menschen verteilte: „Wie kann sich eine Frau von so hohem Stande nur so eine Blöße geben und sich unter das einfache Volk mischen?“ Doch Elisabeth ließ sich nicht beirren. Jesus hatte sogar sein Leben hingegeben für die Bedürftigen! Das bekräftigte sie in ihrem Handeln. Sie ging weiter. Doch plötzlich stand ihr Mann Ludwig vor ihr: „Elisabeth! Du willst doch nicht schon wieder unsere ganze Vorratskammer räumen?“, fragte er mahnend. Auch wenn er Elisabeths Großmut verstand, so sorgte er sich doch auch um das Vermögen, das ihm als Landesherr anvertraut war. „Was schleppst du denn diesmal wieder aus unserem Haus?“ Elisabeth erschrak im ersten Augenblick und murmelte verlegen:

„Alles Rosen der Liebe!“

Ludwig zweifelte und öffnete ihren Umhang, der den Korb verdeckte. Doch als er Elisabeth in die Augen blickte, sah auch er die Rosen der Liebe.

Mach was!

1. Was erinnert dich an deinem Wohnort an die heilige Elisabeth?
2. Suche Informationen über deinen Namenspatron.

9. Sterben und trösten

Talita kum!

Jesus fuhr im Boot wieder ans andere Ufer. Da kam eine Menge Leute zusammen, um ihn zu sehen. Während Jesus noch am See war, kam Jairus zu ihm, der Vorsteher der Synagoge. Als er vor Jesus stand, fiel er ihm zu Füßen und flehte ihn an: „Meine Tochter liegt im Sterben. Komm und leg ihr die Hände auf. Dann wird sie wieder gesund und bleibt am Leben."
Jesus ging mit ihm. Viele Menschen drängten sich hinter ihm her. Während Jesus noch redete, kamen Leute, die zum Haus des Synagogenvorstehers gehörten, und sagten zu Jairus: „Bemüht euch nicht länger. Es ist zu spät. Deine Tochter ist gerade gestorben."
Jesus hörte das. Er sagte zu Jairus: „Hab keine Angst! Glaube nur!" Sie gingen zum Haus des Synagogenvorstehers. Außer Petrus, Jakobus und Johannes durfte keiner mitkommen.

Die Leute weinten laut und jammerten. Jesus trat ein und sagte: „Warum schreit und weint ihr? Das Kind ist nicht gestorben, es schläft nur."
Sie schauten ungläubig. Er aber schickte alle weg und nahm nur noch die Eltern mit in den Raum, in dem das Mädchen lag. Er fasste das Kind an der Hand und sagte: „Talita kum!" Das heißt: „Ich sage dir, steh auf!"
Da erhob sich das Mädchen und ging umher. Es war zwölf Jahre alt.
Die Leute waren außer sich. Das hatten sie noch nie erlebt! Jesus verbot ihnen, anderen davon zu erzählen. Dann sagte er: „Bring dem Mädchen etwas zu essen."

nach Mk 5,21–43

1. Welcher Satz ist für dich der wichtigste? Begründe.
2. Was erzählt dir das Bild?

Omas Beerdigung

Jetzt saßen sie alle zusammen wie auf Omas letztem Geburtstag im Gasthof. Damals war sie noch gesund. Doch wenige Tage später musste sie ins Krankenhaus. „Das Herz ist sehr schwach“, hatte der Arzt gesagt. Der Pastor war gekommen und betete mit ihr am Krankenbett. Er segnete sie und reichte ihr die Kommunion mit den Worten: „Leib Christi, das Brot des ewigen Lebens“. Ich durfte Oma mit Weihwasser ein Kreuz auf die heiße Stirn zeichnen. Das hat sie getröstet.
Einige Tage später klingelte mitten in der Nacht das Telefon. Ich hörte Papas Stimme. Es war das Krankenhaus. „Oma ist tot!“, sagte er leise zu uns. Alle haben geweint und gebetet. Opa war die ganze Nacht bei ihr gewesen. Sie war nicht allein, als sie starb.
„Sie ist sanft eingeschlafen“, sagte er uns später.

Am nächsten Tag stand ein schwarzes Auto vor unserem Haus. Ein Mann mit dunklem Anzug kam uns besuchen. Er hatte ganz viel mit Mama und Papa zu besprechen wegen der Beerdigung, glaube ich. Auch der Pastor kam dazu und sprach ein Trostgebet: „Herr, lass sie ruhen in Frieden!“ Dann besprach er mit uns den Trauergottesdienst. Ich durfte für Oma eine Fürbitte aufschreiben und sie in der Trauermesse vorlesen.
In der Kirche waren alle schwarz gekleidet. Die Orgel spielte traurige Lieder. Um den Sarg standen Blumen und Kränze, in dem der tote Körper von Oma wie in einem schönen Bett lag. Ganz still und steif lag sie dort. Sie hatte jetzt keine Schmerzen mehr. Ob ihre Seele im Himmel ist? Die Gemeinde sang: „Geheimnis des Glaubens, im Tod ist das Leben!“ Das klang wirklich nach einem großen Geheimnis.

In der Predigt tröstete der Priester uns: „Jesus lebt, er schenkt uns neues Leben.“ Er dankte Gott für alles Schöne, das Oma im Leben erleben durfte. Auch für uns Enkelkinder. Wir werden Oma nie vergessen.
Sie ist, so dürfen wir hoffen, bei Gott.
Nach dem Gottesdienst machte sich eine kleine Prozession auf den Weg zum Friedhof.

So viele Freunde und Verwandte waren gekommen, um Oma auf dem letzten Weg zu begleiten. Ihr Sarg wurde auf einem Wagen gefahren.
Am Grab beteten wir. Die Träger ließen den Sarg an dicken Seilen in die Grube. Der Priester segnete den Sarg noch einmal mit dem Kreuz und mit Weihwasser.
Nach dem Schlusslied gingen wir bis an den Rand der Grube. Wir warfen kleine Rosensträuße hinein, die Männer eine Schaufel Erde. Dann kamen alle zu uns und sagten: „Mein Beileid." „Meine aufrichtige Anteilnahme." Oder sie nahmen uns einfach in den Arm und drückten uns.

Wenn die Grube zugeschaufelt ist, werden die Kränze und Blumen daraufgelegt. Später kommt der Friedhofsgärtner und richtet das Grab her. Dann können wir Omas Grab besuchen, dort Blumen aufstellen, eine Kerze anzünden und im Gebet an sie denken.

1. Was geschieht nach Omas Tod in der Geschichte? Wodurch erfahren die Trauernden Trost?
2. Erzähle zu dem Bild. Berichte von deinen eigenen Erfahrungen.

Auferstehung

Manchmal feiern wir mitten im Tag
ein Fest der Auferstehung:
Stunden werden eingeschmolzen
und ein Glück ist da!

Manchmal feiern wir mitten im Wort
ein Fest der Auferstehung:
Sätze werden aufgebrochen
und ein Lied ist da!

Manchmal feiern wir mitten im Streit
ein Fest der Auferstehung:
Waffen werden umgeschmiedet
und ein Friede ist da!

Manchmal feiern wir mitten im Tun
ein Fest der Auferstehung:
Sperren werden überwunden
und ein Geist ist da!

Mach was!

1. Sucht in einer Zeitung Todesanzeigen und vergleicht diese.
2. Gestaltet ein Grablicht mit Hoffnungssymbolen.

10. Hört mir zu

So kann das nicht weitergehen!
Lasst die Kinder in Frieden!

Tu deinen Mund auf für die Schwachen!
Gebt den Kindern das Kommando!

Wir fordern Gerechtigkeit für alle!
Wir dürfen nicht schweigen von dem,
was wir gehört und gesehen haben!

Bewahrt Gottes Schöpfung!
Lasst ab vom Bösen! Kehrt um zum Guten!

Jeremias wird zum Propheten berufen

Das Wort des Herrn erging an mich:

Noch ehe ich dich im Mutterleib formte, habe ich dich ausersehen,
noch ehe du aus dem Mutterschoß hervorkamst, habe ich dich geheiligt,
zum Propheten für die Völker habe ich dich bestimmt.

Da sagte ich: Ach, mein Gott und Herr, ich kann doch nicht reden,
ich bin ja noch so jung. Aber der Herr erwiderte mir:

Sag nicht: Ich bin noch so jung. Wohin ich dich auch sende,
dahin sollst du gehen, und was ich dir auftrage, das sollst du verkünden.
Fürchte dich nicht vor ihnen; denn ich bin mit dir, um dich zu retten!

Dann streckte der Herr seine Hand aus, berührte meinen Mund
und sagte zu mir:

Hiermit lege ich meine Worte in deinen Mund.

Jer 1,4–9

In Gottes Namen

Propheten sind nicht einfach Hellseher, die in die Zukunft schauen können. Propheten sind oft schlichte Menschen mit wachen Augen und einem offenen Ohr für Gottes Wort. Meist fühlen sie sich unerwartet angesprochen von Gott. Erschrocken und voller Furcht werden sie herausgerissen aus ihrem Alltag. Gott beruft sie, macht sie zu seinen Sprechern, seinen Boten. Er erteilt ihnen den Auftrag, für ihn das Wort zu ergreifen und sich Gehör zu verschaffen.
In der Bibel tritt dabei oft ein Engel in Erscheinung.

Viele Propheten wehren sich zuerst heftig, weil sie es nicht wahrhaben wollen, dass ausgerechnet sie von Gott angesprochen werden. Sie fühlen sich unfähig und überfordert. „Wie soll ich das machen? Das kann ich doch gar nicht!", sagen sie. Doch wen Gott beruft, dem gibt er auch die Kraft dazu, dem Anruf zu folgen, sagt man.

Und mancher Auftrag hat es in sich. Wer traut sich schon, vor den König zu treten oder sich ganz allein auf den Marktplatz zu stellen, um den Menschen ins Gewissen zu reden? „Hört, ihr Leute! Gott hat mich beauftragt, euch zu warnen! Denn so kann euer Leben nicht gut weitergehen. Ihr werdet alle umkommen, wenn ihr nicht umkehrt und euch wieder Gott zuwendet!"

In der Bibel treten viele Propheten und Prophetinnen von Mose bis Jesus auf. Die bekanntesten Namen sind Samuel, Elija, Elischa, Jesaja, Jeremia, Ezechiel oder Daniel. Auch Amos und sicher auch Jona sind recht bekannt. Allen gemeinsam ist, dass sie sich von Gott selbst berufen fühlten und auf sein Wort hin handelten. Sie warnten vor unheilvollen Folgen, wenn Menschen andauernd gegen Gottes Rat und Gesetz handelten, sie trösteten und ermutigten das Volk nach großen Krisen im Glauben an Gott und wiesen neue Wege für ein Gelingen des Lebens.

1 Sucht Geschichten über Propheten in der Bibel.
Welche der Prophetengeschichten erinnern euch an Jesus?

Propheten

warnen und klagen an	Lasst ab vom Bösen! Tut Gutes! (Jes 1,16–17) Wehe denen, die Böses gut und Gutes böse nennen! (Jes 5,20)
trösten und ermutigen	Ich will euch trösten wie eine Mutter. (Jes 66,13) Fürchte dich nicht, ich bin da! Ich helfe dir! (Jes 41,13)
verkünden und verheißen Gottes Wort	Das Volk, das im Dunkel lebt, sieht ein helles Licht. (Jes 9,1) Den Blinden gehen die Augen auf und die Tauben können wieder hören! (Jes 35,5)

Vertraut auf Gottes Wort

Ich trage dich,
auch wenn du alt
und grau wirst!
Jes 46,4

Lasst das Böse,
lernt Gutes
zu tun!
Jes 1,16–17

Hört,
so werdet
ihr leben!
Jes 55,3

Ich habe dich
in meine Hände
gezeichnet!
Jes 49,16

In meinen
Augen bist du
wertvoll!
Jes 43,4

Habe
keine Angst!
Ich halte dich!
Jes 41,10

Ich habe dich
bei deinem Namen
gerufen:
Du gehörst zu mir!
Jes 43,1

Mach was!

1. Gestaltet Postkarten oder Plakate mit Hoffnungsbotschaften der Propheten.
1. Schreibt einen Leserbrief zu einem euch wichtigen Tagesthema.

11. Auf dem Weg zur Mitte

Es gibt Stunden,
da bin ich traurig,
da bin ich ängstlich,
da bin ich wütend.
Dann gibt es Stunden,
da bin ich begeistert,
da bin ich stolz,
da bin ich fröhlich.
Ich bin ich.

Die eigene Mitte suchen

Beim Schnell-ins-Häuschen-kriechen-Spiel war die Schnecke immer die langsamste, noch langsamer, als Schnecken gewöhnlich sind. Beim Schöne-Glitzer-Spuren-machen-Spiel wurde sie ausgelacht, weil ihre Spur aussah, als hätte sie bloß mit dem Bauch ein wenig hin- und hergewackelt. Beim Schnecken-mit-Schnecken-erzählen fielen ihr nur Geschichten ein, die die anderen Schnecken langweilten. Und wenn sie Schnecken-mit-Schnecken-vergleichen spielten, kicherten die anderen über ihre kurzen, dicken Fühler, über die winzigen Augen und über das graue Schneckenhaus mit den schwarzen und braunen Flecken. Nur das Fühlen-ohne-zu-gucken-Spiel konnte sie am besten. Aber ausgerechnet dieses Spiel mochten die anderen nicht mehr. Obwohl dies alles noch nicht eigentlich ein Unglück war, fühlte sich die Schnecke sehr unglücklich. Um glücklicher zu werden, begann sie zu träumen.

Beim Kriechen und beim Fressen, beim Schmusen und beim Spielen träumte sie tief in sich hinein: Von einem bunten, schillernden Häuschen, das wie verziertes Porzellan schimmert; von langen beweglichen Fühlern, denen man ansieht, wie gut sie fühlen; von Augen, die wie dunkle Perlen glänzen. Im Traum konnte sie fast so schnell in ihr Häuschen kriechen, wie ein Vogel in sein Nest hüpfte. Die glitzernden Muster, die sie im Traum mit ihrem Bauch auf den Boden aufmalte, waren schöner als die Muster, die sie auf den Kleidern von Kindern gesehen hatte. Und die Geschichten, die sie träumte, waren Geschichten, über die die anderen noch lange nachdachten.

Als sie wieder einmal ganz tief eingeträumt war, streckte sie beim Träumen ihre Fühler so weit aus, dass es ihr schon ein bisschen wehtat. Sie bewegte sich behutsam noch einen Millimeter weiter, ließ ihre Fühler fühlen und dachte nach. „Ich muss mich verändern, dann bin ich nicht mehr ich, wie ich bin, sondern ich, wie ich sein möchte.“

Und sie begann sich zu verändern.

Über die beiden vorderen Fühler stülpte sie lange Strohhalme, die sie am oberen Ende zuband, damit sie auch für Regentage geeignet waren.

Die beiden hinteren Fühler umwickelte sie mit grünen Blättern. Auf den Kopf legte sie ein Grasbüschel, und in ihr Schneckenhaus steckte sie rote, gelbe und blaue Blumen.

Kaum hatte sie sich verändert, begann sich auch ihr Schneckenleben zu verändern. Nur mühsam konnte sie jetzt kriechen. In aufregende, dunkle Löcher passte sie nun nicht mehr hinein. Um Stöcke und Steine musste sie lange beschwerliche Umwege machen. Und ihr Häuschen, das ein Blumenhäuschen geworden war, konnte sie nun nicht mehr gebrauchen.
Sie musste so sehr auf sich aufpassen, dass sie keine Zeit mehr zum Leben hatte. Als die bunten Blumen und die grünen Blätter verwelkt waren, der Grasbüschel ein Heubüschel geworden war und in den Fühlern keine Gefühle mehr waren, kroch sie in ihr graues Häuschen. Lange Zeit blieb es ganz still in ihr und in ihrem Häuschen so still, dass sie vorsichtig nach innen fühlen konnte. In ihr zuckte und zwickte es, das waren die traurigen Gefühle.
Die Wut-Gefühle klopften und kratzten. Die Ich-schäme-mich-Gefühle taten am meisten weh – sie zuckten und zwickten und klopften und kratzten und brannten zugleich.

Obwohl dies alles noch nicht eigentlich ein Unglück war, fühlte sich die Schnecke sehr unglücklich. Um glücklicher zu werden, begann sie zu träumen. Sie träumte von kurzen, dicken Fühlern, mit denen man warme Sonnenstrahlen und kühle Regentropfen fühlen konnte. Sie träumte von winzigen Augen, die sie zumachen konnte, um nach innen zu sehen, und aufmachen konnte, um nach außen zu sehen. Sie träumte von einem grauen Schneckenhaus mit schwarzen und braunen Flecken, das sie überallhin mitnehmen konnte und das sie sogar in aufregenden dunklen Löchern vor Gefahren schützte.
„Im Schneckenhaus sind keine Blumen mehr – im Schneckenhaus bin ich“, dachte die Schnecke. Obwohl dies alles noch nicht eigentlich ein Glück war, fühlte sich die Schnecke sehr glücklich.
Um glücklich zu bleiben, begann sie zu leben. Bald darauf erzählte sie beim Schnecken-mit-Schnecken-erzählen den anderen Schnecken ihre Geschichte. Es wurde eine Geschichte, über die alle noch lange nachdachten.

Marianne Kreft

Manchmal führt die Suche nicht zum Ziel:

Der Tanz um das goldene Kalb

Der Herr sprach zu Mose: „Komm zu mir auf den Berg und bleibe hier! Ich will dir die Steintafeln übergeben. Auf ihnen stehen die Weisungen und die Gebote für das Volk."
Mose stieg hinauf. 40 Tage und 40 Nächte blieb er dort. Nachdem der Herr Mose alles gesagt hatte, übergab er ihm den Vertrag des Bundes. Es waren steinerne Tafeln, auf die der Finger Gottes geschrieben hatte. Als Mose lange nicht vom Berg herabkam, versammelte sich das Volk um Aaron und sagte zu ihm: „Mach uns einen Gott, der vor uns herzieht. Denn wir wissen nicht, was mit Mose, dem Mann, der uns aus Ägypten heraufgebracht hat, geschehen ist." Aaron antwortete: „Bringt mir die goldenen Ohrringe eurer Frauen, Söhne und Töchter!" Das Volk gehorchte Aaron. Er nahm die Ohrringe, zeichnete mit einem Griffel eine Skizze und goss danach ein Kalb. Da riefen sie: „Sieh, das ist dein Gott, Israel! Er hat dich aus Ägypten heraufgeführt."
Als Aaron das sah, baute er vor dem Kalb einen Altar und rief aus: „Morgen feiern wir ein Fest zur Ehre des Herrn." Am folgenden Morgen brachten sie Opfer dar, aßen und tranken und feierten ein ausgelassenes Fest.

Mose stieg den Berg hinab, die steinernen Tafeln in der Hand. Als er das Kalb und den Tanz sah, entbrannte sein Zorn. Er zerschmetterte die Tafeln. Er packte das Kalb, verbrannte es und zerstampfte die Asche. Mose sprach zum Volk: „Ihr habt eine große Sünde begangen. Ihr seid unserem Gott untreu geworden. Ich will noch einmal zu unserem Gott hinaufgehen. Vielleicht kann ich die Strafen für eure Sünden noch abwenden."
Mose kehrte zum Herrn zurück und sagte: „Ach, dieses Volk hat schwere Schuld auf sich geladen. Einen Gott aus Gold haben sie sich gemacht. Nimm ihre Sünde von ihnen! Wenn nicht, dann streich auch mich aus dem Buch, das du angelegt hast!" Der Herr antwortete: „Nur den, der gegen mich gesündigt hat, streiche ich aus meinem Buch. Geh, führe das Volk, wohin ich dir gesagt habe! Mein Engel wird vor dir hergehen. Am Tag aber, an dem ich Rechenschaft verlange, werde ich ihre Sünde mit ihnen abrechnen."
Der Herr strafte das Volk mit Unheil, weil es von Aaron verlangt hatte, ihm ein goldenes Kalb zu machen.

nach Ex 24,12–14; 31,18–35

1. Warum stellen Menschen ein goldenes Kalb in ihre Mitte?
2. Wie könnte ein „goldenes Kalb" heute aussehen? Gestaltet eine Collage.

Worum kreist mein Leben?

Mach was!

1. Worum kreist dein Leben? Was ist die Mitte in deinem Leben? Lege ein Bodenbild.
2. Schreibe ein eigenes Gebet und trage es vor.

12. Gemeinsam unterwegs

Die kleine Schraube

Es gab einmal in einem riesigen Schiff eine ganz kleine Schraube, die mit vielen anderen ebenso kleinen Schrauben zwei große Stahlplatten miteinander verband. Diese kleine Schraube fing an, bei der Fahrt mitten im Indischen Ozean etwas lockerer zu werden und drohte herauszufallen. Da sagten die nächsten Schrauben zu ihr: „Wenn du herausfällst, dann gehen wir auch.“ Und die Nägel unten am Schiffskörper sagten: „Uns wird es auch zu eng, wir lockern uns auch ein wenig.“ Als die großen eisernen Rippen das hörten, da riefen sie: „Um Gottes willen, bleibt; denn wenn ihr nicht mehr haltet, dann ist es um uns geschehen!“
Und das Gerücht von dem Vorhaben der kleinen Schraube verbreitete sich blitzschnell durch den ganzen riesigen Körper des Schiffes. Er ächzte und erbebte in allen Fugen. Da beschlossen sämtliche Rippen und Platten und Schrauben und auch die kleinsten Nägel, eine gemeinsame Botschaft an die kleine Schraube zu senden, sie möge doch bleiben; denn sonst würde das ganze Schiff bersten und keine von ihnen die Heimat erreichen.
Das schmeichelte dem Stolz der kleinen Schraube, dass ihr solche ungeheure Bedeutung beigemessen wurde, und sie ließ sagen, sie wolle sitzen bleiben.

Rudyard Kipling

Pfingsten: Gemeinschaft werden und aufbrechen

1 Die Menschen sind Feuer und Flamme. Malt, wie sich die Begeisterung in den Menschen auswirkt.

Wie immer, wenn in Jerusalem das große jüdische Erntedankfest (Schawuot) gefeiert wurde, strömten auch vor 2000 Jahren Tausende von jüdischen Pilgern aus nah und fern in die Stadt. Zu diesen Pilgern gehörten auch die Anhänger Jesu. Sieben Wochen zuvor war ihr Meister hingerichtet worden. Aber den Schock hatten sie überwunden, seit sie wussten, dass er lebt und bei ihnen ist. Aber sie mussten erst begreifen, dass sie ihn nicht mehr sehen, hören und fragen konnten. Sie wussten auch: Er hat uns den Auftrag gegeben, die gute Nachricht von Gott und Christus zu verkünden. Doch dazu fehlte ihnen der Mut. So hielten sie sich versteckt und sprachen nur untereinander von Jesus.

Das änderte sich völlig unerwartet. Der Evangelist Lukas berichtet davon:

Es war am Tag des großen Erntefestes. Deswegen waren auch die Freunde Jesu zusammengekommen und saßen beieinander. Plötzlich kam ein gewaltiges Brausen. Es tat sich ein gewaltiger Wind auf, wie ein Sturm vom Himmel.
Das ganze Haus war davon erfüllt. Alle wurden von flammender Begeisterung wie von Feuerzungen gepackt. Eine Kraft, die nicht aus ihnen selbst, sondern von Gott kam. Alle Angst fiel von ihnen ab. Sie rissen die Türen auf und liefen ins Freie. Sie waren Feuer und Flamme. Sie traten vor die Menschen hin und begannen, von Jesus zu erzählen. Alle liefen zusammen: Juden und Araber, Griechen und Römer, alle, die gekommen waren, um dieses Fest zu feiern.
Sie verstanden, was sie hörten. Sie waren sich nicht mehr fremd.
Petrus, ganz vom Geist Gottes erfüllt, sprach mit lauter Stimme: „Ihr Juden und alle Besucher von Jerusalem! Hört auf meine Worte! Ihr habt von Jesus von Nazaret schon gehört. In Gottes Namen hat er Großes getan. Ihr aber habt ihn ans Kreuz geschlagen. Doch Gott hat ihn zu neuem Leben erweckt. Dafür sind wir alle Zeugen!“
Was Petrus sagte, traf die Leute mitten ins Herz. Viele von ihnen waren außer sich: Die Stimmen … das Brausen … Geist von Gott … Wind … Sturm … Feuer!
Sie fragten die Apostel: „Was sollen wir tun?“ Petrus antwortete: „Kehrt um! Macht einen neuen Anfang! Lasst euch taufen! Dann gehört ihr zu Jesus, dem Christus, und Gott wird auch euch den Heiligen Geist schenken.“
Dreitausend Menschen ließen sich an diesem Tag taufen. Der Funke war übergesprungen und hatte sie begeistert.
Die Botschaft ging wie ein Lauffeuer hinaus in die Welt.

nach Apg 2,1–41

Leben in unserer Gemeinde

Wie lebten die ersten Christen?

Lukas erzählt davon in der Apostelgeschichte:
Alle, die an Jesus Christus glaubten, bildeten eine Gemeinschaft. Sie waren ein Herz und eine Seele.
Sie hatten alles gemeinsam; keiner sagte von dem, was er hatte: „Das gehört mir allein." Sie verkauften ihr Hab und Gut, ihre Grundstücke und ihre Häuser. Das Geld, das sie dafür bekamen, legten sie den Aposteln zu Füßen.
Die gaben davon allen, jedem so viel, wie er nötig hatte. Es gab unter ihnen keinen, der Not litt.
Mit großer Kraft sprachen sie von Jesus Christus: von seinem Leben, von seinem Leiden, von seinem Tod und von seiner Auferstehung.
Tag für Tag kamen sie im Tempel zusammen und lobten und dankten Gott.
In ihren Häusern brachen sie das Brot und hielten miteinander Mahl. Gottes Geist war in ihrer Mitte.
Sie waren beim ganzen Volk beliebt. Täglich kamen mehr Menschen, ließen sich auf den Namen Jesu Christi taufen und lebten mit ihnen.

nach der Apg 2,43–47; 4,32–37

Wer den Text genau liest und über ihn nachdenkt, der merkt, dass diese Zeilen in einer ganz bestimmten Absicht geschrieben worden sind. Es geht nicht darum, allgemein etwas über die ersten Christen zu sagen. Vielmehr will dieser Abschnitt aus der Apostelgeschichte deutlich machen, worauf es im Leben und Glauben einer christlichen Gemeinde ankommt. Er beantwortet die Frage: „Woran kann man erkennen, dass sich die Gemeinschaft der Christen vom Glauben an Jesus Christus leiten lässt?"

Wie leben Christen heute?

Für die Kirche in der ganzen Welt und für jede Gemeinde sind folgende vier Aufgaben grundlegend. Sie sind die Erkennungszeichen:

- **Gemeinschaft**
- **Verkündung**
- **Gottesdienst**
- **Dienst am Nächsten**

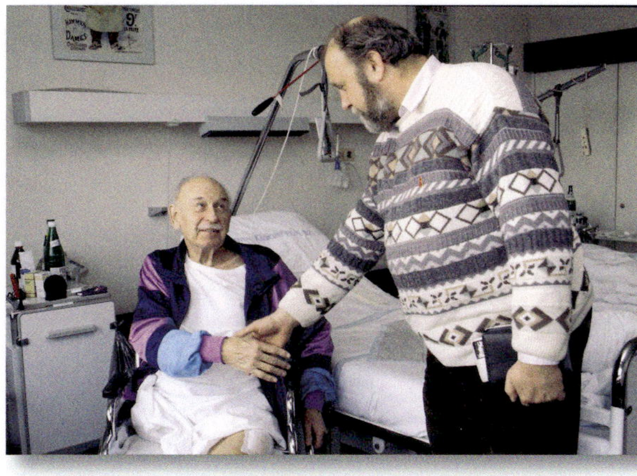

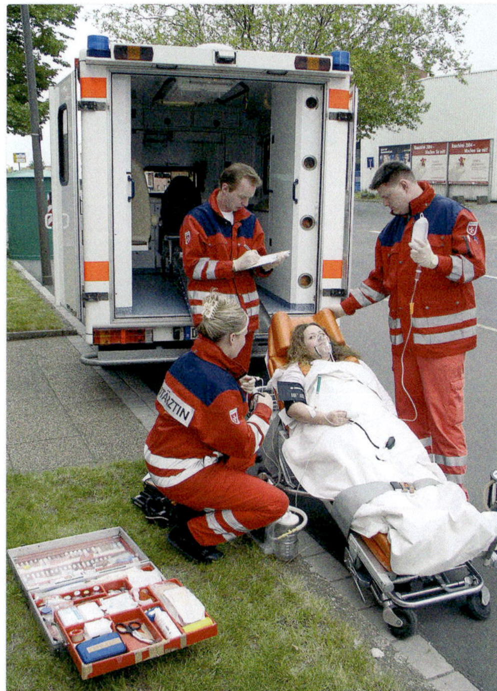

1 Ordne die Fotos den vier grundlegenden Aufgaben der Kirchengemeinde zu.

Ein Christus – verschiedene Konfessionen

evangelisch

ein Christus – eine Taufe – eine Heilige Schrift – ein Glaubensbekenntnis – ein Vaterunser –

Alle sollen eins sein.
Joh 17,21

katholisch

Mach was!

1. Wo könnt ihr in eurer Kirchengemeinde mitarbeiten? Schreibt auf die Vorderseite von Kartons eine Tätigkeit und baut daraus eine Kirche.
2. Malt eine Brücke und beschriftet die Brückenpfeiler mit dem, was evangelische und katholische Christen miteinander verbindet.

13. Christen in aller Welt

Ein Traum wird Wirklichkeit

Christina Noble wurde 1944 in Dublin geboren. Das liegt in Irland.
Sie wuchs mit ihren acht jüngeren Geschwistern in einem Armenviertel von Dublin auf. Schon als Kind gaben ihr das Singen und Tanzen die Kraft, die schwere Zeit in Armut und Gewalt zu überstehen. Besonders gerne sang sie in der Kirche. Aber sie hatte auch viel Unsinn im Kopf. So sammelte sie zum Beispiel einmal Fallobst auf dem Weg zur Kirche, um es dann von der Chorempore einer Dame auf den Hut zu werfen.

Als Christina zehn Jahre alt war, starb ihre Mutter und das Mädchen wuchs in verschiedenen Heimen auf. Schließlich erfuhr sie selbst, was es heißt, auf der Straße leben zu müssen. Auch in ihrer Ehe wurde sie nicht glücklich. Da hatte sie einen Traum:

„Es war während dieser Zeit meines Lebens, einer Zeit voller Elend und Kummer, dass ich den Traum von Vietnam hatte. Ich weiß nicht, warum ich von Vietnam träumte. Vielleicht, weil das Land damals so oft in den Nachrichten vorkam.

In meinem Traum rannten nackte vietnamesische Kinder über einen Feldweg auf der Flucht vor einem Napalmangriff. Der Boden unter den Kindern war rissig und brach auf, und die Kinder strecken die Arme nach mir aus. Eines der Mädchen hielt mir die Hand entgegen und hatte einen Blick in den Augen, der mich anflehte, sie auf den Arm zu nehmen und zu beschützen und in Sicherheit zu bringen. Über den flüchtenden Kindern, am Himmel hinter ihnen, erstrahlte ein weißes Licht, ein blendendes, sehr weißes Licht, in dem das Wort ‚Vietnam' erschien."

Dieser Traum ließ Christina Noble nicht mehr los. Es dauerte noch einige Jahre, bis sie schließlich den ersten Kindern in Vietnam helfen konnte. Heute bekommt ihre Arbeit große Anerkennung. Die Noble-Stiftung hilft Kindern in Vietnam und der Mongolei. Sie kümmert sich um die Gesundheit und Bildung von Kindern in Not.

Christina Noble hat vielen Menschen von ihrem Traum erzählt.
Heute gibt es viele Menschen, die sie bei ihrer Arbeit für die Kinder unterstützen.

Wenn einer alleine träumt

Text: Don Helder Camara
Melodie: Ludger Edelkötter

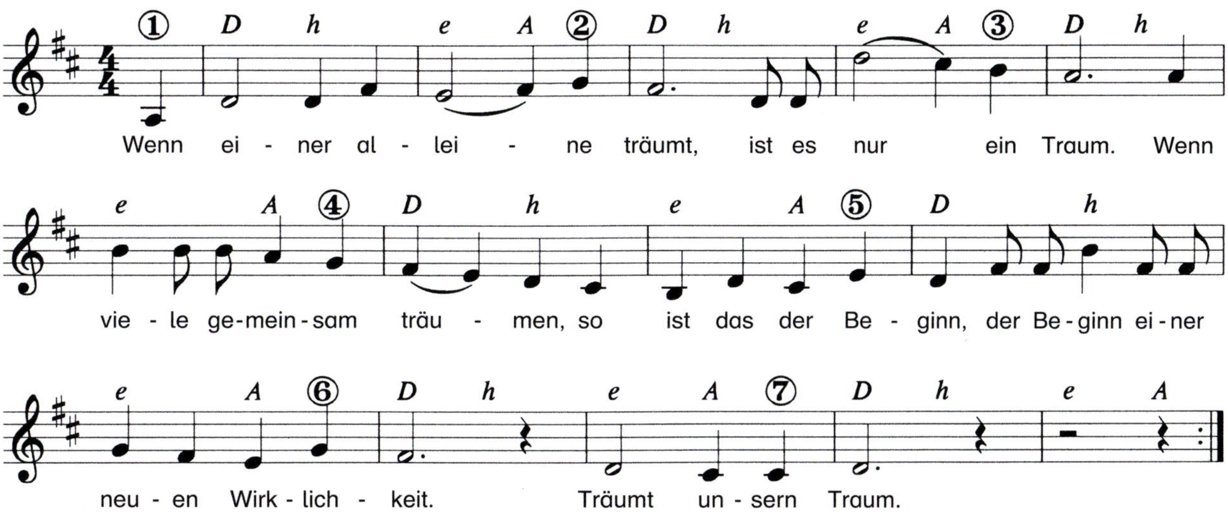

Brot, das den Hunger stillt

Die Apostel kamen zurück und erzählten Jesus alles, was sie getan hatten. Dann nahm er sie beiseite und zog sich in die Nähe der Stadt Betsaida zurück, um mit ihnen allein zu sein. Aber die Leute erfuhren davon und folgten ihm. Er empfing sie freundlich, redete zu ihnen vom Reich Gottes und heilte alle, die seine Hilfe brauchten.

Als der Tag zur Neige ging, kamen die Zwölf zu ihm und sagten: „Schick die Menschen weg, damit sie in die umliegenden Dörfer und Gehöfte gehen, dort Unterkunft finden und etwas zu essen bekommen; denn wir sind hier an einem abgelegenen Ort." Er antwortete: „Gebt ihr ihnen zu essen!" Sie sagten: „Wir haben nicht mehr als fünf Brote und zwei Fische; wir müssten erst weggehen und für all diese Leute Essen kaufen."
Es waren etwa fünftausend Männer. Er erwiderte seinen Jüngern: „Sagt ihnen, sie sollen sich in Gruppen zu ungefähr fünfzig zusammensetzen."
Die Jünger taten, was er ihnen sagte, und veranlassten, dass sich alle setzten. Jesus aber nahm die fünf Brote und die zwei Fische, blickte zum Himmel auf, segnete sie und brach sie; dann gab er sie den Jüngern, damit sie diese an die Leute austeilten. Und alle aßen und wurden satt. Als man die übrig gebliebenen Brotstücke einsammelte, waren es zwölf Körbe voll.

Lk 9,10–17

1. Vergleiche das Brot aus dem Lukastext mit dem Brot aus dem Johannestext.
2. Malt die Menschenkette über den Rand des Bildes weiter.

Jesus antwortete ihnen:

Ich bin das Brot des Lebens;
wer zu mir kommt, wird nie mehr hungern,
und wer an mich glaubt, wird nie mehr Durst haben.

Joh 6,35

Straßenkinder in Indien

In vielen Ländern der Erde ziehen Kinder von den Dörfern in die großen Städte. Denn ihre Familien leben auf dem Land in großer Armut. Die Kinder hoffen, dass sie in der Stadt Geld verdienen können. Ihre Eltern hoffen ebenso, dass es ihren Kindern dort besser geht. Häufig erfüllen sich diese Wünsche aber nicht. Wenn die Kinder in der Stadt sind, verlieren sie oft den Kontakt zu ihren Familien und leben auf der Straße.
In Indien in der Stadt Neu-Delhi finden Straßenkinder wie Santosh Hilfe im Projekt Butterflies von Misereor.

Santosh sammelt vor der Schule Altpapier, leere Flaschen und anderen Müll. Dafür kann er Geld bekommen. Das Geld reicht dann, wenn er Glück hat, für drei kleine Schalen Reis mit Gemüse.

Nach der Schule kommt er in die Straßenkinder-Küche von Butterflies. Hier kochen Kinder für Kinder gesundes Essen. Das Essen am Straßenrand ist oft nicht gesund und macht krank.

Nach dem Essen kann er hier auch seine Hausaufgaben machen. Freunde und Erwachsene sind da, die ihm dabei helfen.

Mach was!

1. Erkundige dich nach weiteren Projekten von Hilfswerken, zum Beispiel bei Misereor in Aachen oder unter www.misereor.de.
2. Gestaltet eine Infowand für eure Schule mit Informationen über Straßenkinder.

14. Hoch hinaus

Der Turmbau zu Babel

Da war einst die Stadt Babel. Groß und reich und mächtig hochmütig.
Ihre Bewohner beschlossen: „Wir bauen einen Turm, den höchsten Turm der Welt, bis in den siebten Himmel. Alle sollen sehen und staunen, wie groß und mächtig wir sind. Mächtiger als alle Götter der Welt!"
Dann machten sie sich ans Werk. Wie Ameisen rasten sie hin und her, wochenlang, jahrelang. Immer höher und höher wurde der Turm.
Gott sah, was sie vorhatten und lächelte. Er ließ sie gewähren. Immer mehr Sklaven wurden gebraucht. Je mehr es wurden, umso weniger verstanden sie sich untereinander. Bald schon bekamen sie Streit, heftigen Streit. Sie schrien hin und schrien her, bis keiner mehr den anderen verstand.
Die Bauarbeiter streikten. Die Mauern bekamen erste Risse. Den Bewohnern von Babel verschlug es die Sprache.
Und weil sie keine gemeinsame Sprache mehr sprachen, liefen sie auseinander in alle vier Himmelsrichtungen.
„Gott lässt die Bäume nicht in den Himmel wachsen!", so sagt man.
Daran erinnert uns die Geschichte vom Turmbau zu Babel bis heute.

nach Gen 11,1–9

Sie wollten hoch hinaus

Alle im Kehrvers:
Ba – ba – babel, Babel, Babel, Ba – bel
Babbel, babbel, babbel, ba ba bla bla di bab.

Einer:
Sie türmten Gold und Geld
über alles in der Welt.
Sie bauten hoch hinaus
ein himmelhohes Haus.

Alle im Sprechchor:
– in Babel, in Babel!

Einer:
Wünsche überbieten sich.
Wolkenkratzer biegen sich.
Träume in den Himmel schweifen.
Hände nach den Sternen greifen.

Alle im Sprechchor:
– wir babeln, wir babeln!

Einer:
Sie verstehn sich nicht.
Wir verstehn uns nicht.
Wir reden vielerlei
aneinander vorbei.

Alle im Sprechchor:
– wir babbeln, wir babbeln!

1 Gestaltet den Babel-Rap mit Sprache und Bewegung.

Alles wird neu

Neu sah ich den Himmel –
in neuem Licht erschien mir die Erde.
Der alte Himmel und die alte Erde
waren vergangen.
Auch das Meer war nicht mehr.
Dafür sah ich die heilige Stadt,
ein neues Jerusalem,
gekleidet wie eine Braut
am Hochzeitstag. So schön
kam sie mir aus dem Himmel entgegen.
Ich hörte eine laute Stimme
von Gottes Thron her:
„Schau, Gott wohnt bei uns Menschen.
Er ist unsere Mitte und wir werden sein Volk sein.
Gott wird alle Tränen aus den Augen wischen.
Tod wird es nicht mehr geben,
nicht Trauer, nicht Klage und keine Not mehr.
Alles, was war, ist vorüber.“
Und Gottes machtvoller Anspruch erklang:
„Seht, ich mache alles neu!“

nach der Offb des Johannes 21,1–5

1 Welcher Satz passt für dich am besten zu diesem Bild?
2 Wo kommt Gott in diesem Bild vor?

Der Himmel geht über allen auf

Text: Wilhelm Willms
Melodie: Peter Janssens

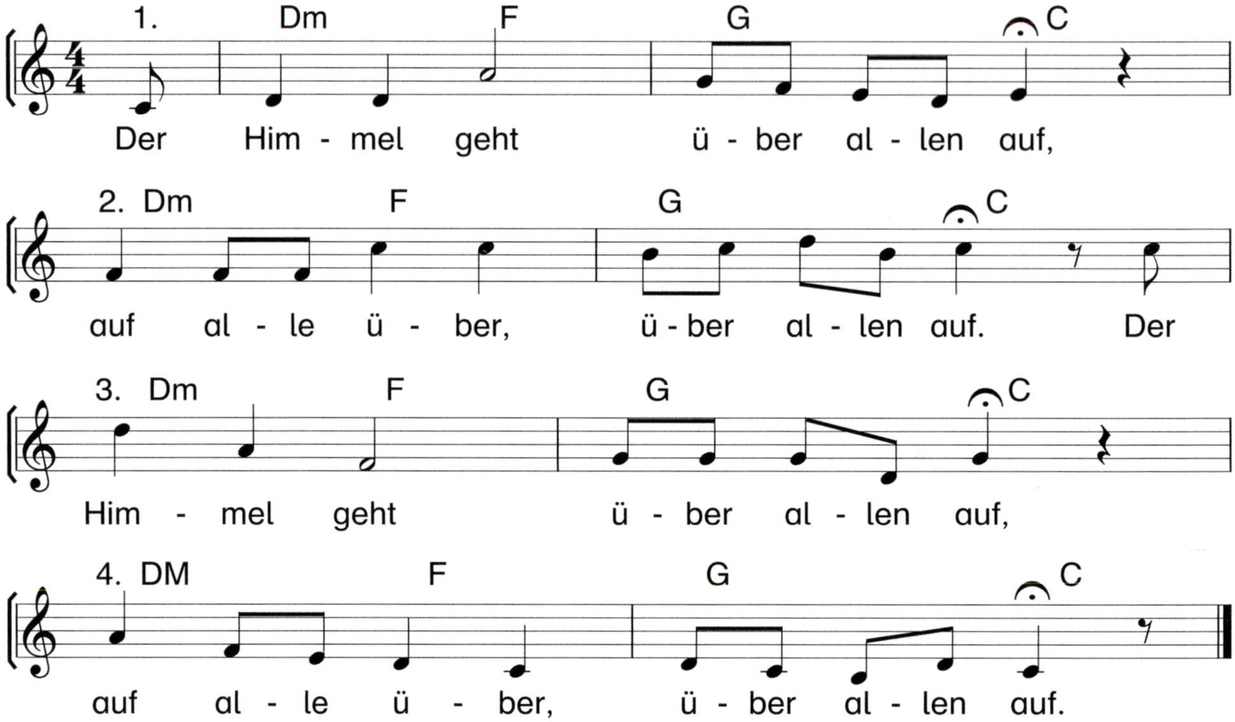

Mach was!

1. Blättert zurück: An welche Themen könnt ihr euch noch erinnern?
2. Schaut nach vorne: Was kommt im neuen Schuljahr auf euch zu? Gestaltet einen Segensbaum für die Zukunft.

Kleines Lexikon

Allah
Das Wort Allah heißt im Arabischen „Gott".
Der Muslime kennt 99 verschiedene Namen für Gott, doch er verehrt wie Juden und Christen dabei nur einen einzigen Gott. Man nennt diese Religionen daher auch monotheistisch.

Apostel
Das Wort Apostel stammt aus dem Griechischen. Es bedeutet Abgesandter oder Bote. Die Apostel hatten die Aufgabe, die Frohe Botschaft von Jesu Leben, Sterben und Taten zu verkünden. Während Jesus auf der Erde lebte, hat er zwölf Apostel erwählt. Nach seiner Auferstehung kamen weitere Apostel hinzu, zum Beispiel Paulus.

Bergpredigt
Der Evangelist Matthäus will Jesus als den neuen Mose, der das neue Gesetz vom Königreich Gottes verkündet, darstellen. Es handelt sich also nicht um eine wirkliche lange Rede Jesu, sondern um eine Sammlung von Aussprüchen und Lehren Jesu über die Nähe und die Einmaligkeit der Gottesherrschaft bzw. des Himmelreiches.
Das Kernstück der Bergpredigt sind die Seligpreisungen. Der Berg wird als Ort für die Bergpredigt gewählt, um zu zeigen, dass Jesus gleichsam ein zweiter Mose ist und mit der Autorität Gottes spricht.

Bibel
Die Bibel, auch Heilige Schrift genannt, ist eine Sammlung von verschiedenen Texten und Schriften, die das Wort Gottes enthalten. Sie besteht aus dem Alten Testament (AT) und dem Neuen Testament (NT). Während die Texte im AT sich mit dem Leben und Glauben des Volkes Israel (vor der Geburt Jesu) beschäftigen, besteht das NT aus den vier Evangelien, anderen Texten, die aus der Zeit Jesu berichten, und Texten aus der Zeit der jungen Kirche.

Engel
Ein Engel ist ein Bote Gottes (griechisch ángelos: Bote), der zwischen Gott und den Menschen vermittelt. So verkündet zum Beispiel ein Engel Maria die Geburt Jesu.

Evangelist
Ein Evangelist ist einer der Autoren der vier biblischen Evangelien. Die vier Evangelisten heißen Matthäus, Markus, Lukas und Johannes.

Evangelium
Evangelium heißt übersetzt Frohe Botschaft oder Gute Nachricht. Damit sind die Texte der vier Evangelisten gemeint, die viel über das Leben Jesu und sein Wirken aufgeschrieben haben. Die vier Evangelien findet man in der Bibel, im Neuen Testament (NT).

Hadith
Der Hadith ist die Sammlung mit Aussprüchen Mohammeds, wie sie die ersten Nachfolger weitergegeben haben. Sie legen Grundsätze des Korans aus dessen Sicht dar. Damit sind die Hadithe vergleichbar mit den Worten, die Jesus selbst gesprochen hat oder mit Teilen des Neuen Testaments.

Hagar
Hagar war die Dienerin Abrahams. Weil Abrahams Frau Sara bis ins hohe Alter kein Kind bekommen hatte, war es durchaus im Orient üblich, dass eine Magd wie Hagar für die Nachkommenschaft der Sippe sorgen musste. So gebar Hagar als Nebenfrau Abrahams einen Sohn mit Namen Ismael. Auf Ismael berufen sich die Muslime, wenn sie sich als Kinder Abrahams verstehen.

Hilfswerke
Es gibt eine Reihe von Organisationen, in denen sich Menschen zusammengetan haben, um anderen zu helfen. Diese Organisationen oder Hilfswerke sind in der ganzen Welt aktiv und unterstützen Schulen, Krankenhäuser, Kinder und Erwachsene in Afrika, Lateinamerika, Asien oder auch hier in Deutschland.
Bekannte katholische Hilfswerke sind Caritas, Misereor, Adveniat, missio, Renovabis. Evangelische Hilfswerke sind Diakonisches Werk und Brot für die Welt.
Es gibt auch eine Reihe von Hilfsorganisationen, die nicht an eine Kirche angeschlossen sind: UNICEF, SOS-Kinderdörfer, Ärzte ohne Grenzen.

Hymnus
Die alttestamentlichen Psalmen ordnet man am besten in drei Gruppen: Hymnen, Klagelieder und Danklieder. Der Hymnus bezeichnet eine Dichtung oder ein Lied, das die mächtigen Taten Gottes (Jahwes) lobt und rühmt. Ein Hymnus beginnt meist mit einem Lobpreis auf Jahwe und fährt fort mit der Aufzählung seiner Taten (siehe zum Beispiel den Psalm 135). Ursprünglich war der Hymnus Teil des jüdischen Gottesdienstes, später diente er auch dem einzelnen Gläubigen als persönliches Gebet.

Ismael
Ismael war der Sohn Abrahams und Hagars, seiner Dienerin. Sara, die eigentliche Frau Abrahams, war also nicht Ismaels leibliche Mutter. So gab es Streit um die rechtmäßige Nachkommenschaft und das Erstgeborenenrecht zwischen Ismael und Isaak unter Muslimen, Juden und Christen, denn der Islam beruft sich überwiegend auf Ismael, das Judentum wie auch die Christen aber fühlen sich als Nachkommen Isaaks als rechtmäßige Erben Abrahams.

Katechismus
Der Katechismus stellt die Glaubenslehre der Katholischen Kirche umfassend dar und zeigt auf, wie der Glaube an Jesus Christus gelebt werden kann. Er gibt dem Gläubigen Anregungen und Anweisungen, wie Gottes Wille nach bestem Wissen und Gewissen verstanden und möglichst gut gelebt werden soll, damit das Leben im Ganzen gelingen kann.

Kirche/Kirchengemeinde
Das Wort Kirche ist abgeleitet von dem griechischen Wort kyriake, das bedeutet „dem Herrn zugehörig“. So versteht man unter Kirche zum einen das Gebäude, in dem sich die Gläubigen versammeln. Zum anderen ist darunter auch die Gemeinschaft der Gläubigen selbst gemeint (Kirchengemeinde). Nach der ersten Gemeinde in Jerusalem, die hauptsächlich aus Judenchristen bestand, entstanden später durch das missionarische Wirken der Apostel Gemeinden in der nichtjüdischen Welt. Der Pfingsttag wird auch als Geburtstag der Kirche bezeichnet. Jede Kirchengemeinde lebt aus der Kraft des Heiligen Geistes. Die vier Grundaufgaben der gesamten Kirche und jeder einzelnen Gemeinde sind: Verkündigung der Frohen Botschaft, Feier des Gottesdienstes und der Sakramente, Dienst am Nächsten (Caritas) und Gemeinschaft.

Koran
Die nach muslimischem Verständnis von Mohammed auf Gottes Geheiß geschriebenen Worte nennt man Koran. Er ist das wichtigste heilige Buch des Islam und wird bis heute von allen Muslimen in Arabisch rezitiert, auch wenn der Islam über viele Sprachwelten verteilt ist. Seine Kapitel, die Suren, sind nach der Länge, nicht nach Themen geordnet – bis auf die Eröffnungssure. Die meisten Muslime lernen die wichtigsten Texte daraus auswendig, weil es für sie Worte Allahs sind.

Kosmologie
Jeder Mensch hat eine Vorstellung von der Welt insgesamt. So haben auch die Menschen in der Bibel eine Vorstellung davon, wie die Welt geordnet ist und wie alles zusammengehört. Man macht sich ein Bild von der Welt. Kosmologie (griechisch: Kosmos = Welt, Weltordnung) meint die Lehre von dem Weltbild der jeweiligen Zeit. Die Schöpfungserzählung geht von einem dreistöckigen Weltbild aus: Himmel, Erde, Unterwelt („unter der Erde“).

Magnifikat
Nachdem der Engel Gabriel Maria die Geburt Jesu verkündet hat, eilt Maria zu Elisabet. Auf Elisabets Gruß antwortet Maria mit einem Lobgesang. Dieser Lobgesang Mariens wird als Magnifikat bezeichnet.

Mohammed
Mohammed, das heißt übersetzt „der Gepriesene“, gilt als Begründer des Islam, einer der größten Weltreligionen. Allah selbst, so sagt Mohammed, habe zu ihm gesprochen und ihm aufgetragen, sein Wort zu verkünden. Mohammed verstand sich so als reines Sprachrohr Allahs, der sich durch ihn offenbart, das heißt zu erkennen gegeben hat. Mohammed ist bis heute das große Vorbild aller Muslime.

Moschee
Die Moschee ist das Gebetshaus im Islam. Gleichzeitig versammeln sich Muslime hier auch zum Gespräch, zur Begegnung, zur Feier und zur Unterweisung im Glauben. Zur Moschee

gehören einige Räume für rituelle Waschungen und für den Koranunterricht.

Napalm
Napalm ist die Bezeichnung für eine Brandwaffe, bei der mit Feuer geschossen wird. Es ist eine ölige Flüssigkeit, bei der schon kleine Spritzer ausreichen, um schlimme Verbrennungen zu erzeugen. Diese Waffe gehört zu den gefährlichsten Waffen, die in einem Krieg eingesetzt werden können. 1980 haben die Vereinten Nationen den Einsatz von Brandwaffen gegenüber Zivilpersonen verboten.

Petrus
Er ist der bedeutendste Jünger und Apostel. Sein ursprünglicher Name ist Simon. Jesus gibt ihm aber den neuen Namen Petrus (griechisch: Fels). Petrus ist Fischer in Kafarnaum am See Gennesaret, wo ihn Jesus zum Jünger beruft. Er ist neben Johannes und Jakobus der Lieblingsjünger Jesu. Nach der Apostelgeschichte ist er die Führungsgestalt der Jerusalemer Urgemeinde. Er hält zum Beispiel nach der Herabkunft des Heiligen Geistes die überzeugende Pfingstpredigt (Apostelgeschichte 2,14–36).

Pfingsttag/Pfingstfest
Das deutsche Wort Pfingsten kommt vom griechischen Wort pentekoste, das heißt übersetzt „der fünfzigste Tag“. Das jüdische Pfingstfest wird am 50. Tag nach dem Paschafest gefeiert. Nach jüdischer Überlieferung stieg Mose am 50. Tag nach dem Auszug aus Ägypten zum Zeltlager der Israeliten herab und überbrachte die Zehn Gebote. Das christliche Pfingstfest wird am 50. Tag nach Ostern als Fest des Heiligen Geistes gefeiert.

Prophet
Das Wort Prophet stammt aus der griechischen Bibelübersetzung und bedeutet „Sprecher im Auftrag Gottes“. Die Propheten wurden von Gott berufen und verkündeten in seinem Auftrag den Willen Gottes; die Umkehr aus aller Sünde, die Treue zum Bund mit Gott. Sie redeten dem Volk und dem König ins Gewissen und mussten dafür oft Feindschaft und Verfolgung erdulden. Im Namen Gottes drohten sie kommende Strafen an, aber im Unglück trösteten sie die Menschen auch mit der Verheißung des Heils. Ihre Worte und Taten sind in der Heiligen Schrift gesammelt. Die vier großen Propheten heißen Jesaja, Jeremia, Ezechiel und Daniel. Doch auch Samuel, Elija und viele andere große Gottesmänner sind Propheten gewesen. Johannes, der Täufer, der Vorläufer Jesu, war der letzte Prophet.

Psalmen
Als Psalmen bezeichnet man poetische Lob- und Klagegebete, die tief von dem Glauben an Gott durchdrungen sind. Die Juden sangen die Psalmen beim Gottesdienst im Tempel (AT) und nannten sie Lobpreislieder. Das Alte Testament enthält 150 Psalmen, die zu einem Buch, dem sogenannten Psalter zusammengefasst sind. Alles, was das Leben der Menschen bewegt, bringen sie in diesen Gebeten und Liedern vor Gott: Sie jubeln, klagen, loben, preisen Gott, sprechen über ihre Freude und über ihre Angst, danken Gott und bitten um seine Hilfe.

Sabbat
Der Sabbat, der heute noch von den gläubigen Juden streng beachtet wird, ist der Ruhetag der Woche, zugleich Tag der besonderen Verehrung Gottes. Nach dem Gesetz des Mose wird der Sabbat als arbeitsfreier Tag gefeiert. Wenn möglich nimmt der gläubige Jude am Sabbatgottesdienst in der Synagoge teil. Die ersten Christen feierten den ersten Tag der Woche (Sonntag) als Tag der Auferstehung des Herrn (Tag des Herrn).

Sakramente
Die Katholische Kirche kennt 7 Sakramente als wirksame und wegweisende Heilszeichen für ein Leben unter Gottes Segen:

1. In der Taufe bekennt sich Christus zum einzelnen Menschen: zu dem, der an ihn glaubt und sich taufen lässt. Er sagt ihm: Ich bin immer für dich da. Diese Zusage nimmt Christus nie wieder zurück. Sie prägt den Menschen ein für allemal.

2. Im Bußsakrament wird deutlich, dass Christus nicht nur allgemein, sondern dass er konkret auch meine eigenen Sünden vergibt. Es wird deutlich: Diese Sündenvergebung rede ich mir nicht ein, sondern sie wird mir von Christus durch den Priester zugesagt.

3. Im Sakrament der Eucharistie begegnet mir Jesus in und unter den Gestalten von Brot und Wein. Es wird deutlich: Der Glaubende lebt in

seinem Glauben so von Jesus selbst, wie er als Mensch von Speise und Trank lebt.

4. Durch das Sakrament der Firmung weiß sich der Glaubende gefestigt und befähigt, im Namen der Kirche seinen Glauben an Jesus Christus in der Welt zu bezeugen.

5. Im Ehesakrament geben sich die Eheleute ein Ja-Wort für immer. Sie sagen: „Was immer auch passiert: Ich bin für dich da. Die Kinder, die Gott uns schenkt, nehmen wir von Anfang an dankbar an. Wir sorgen für sie und erziehen sie entsprechend unserem Glauben." Christliche Eheleute nehmen in ihrer Liebe zueinander Maß an jener Liebe, an der sie selbst teilhaben dürfen: an der unüberbietbaren Liebe Christi.

6. Im Sakrament der Weihe (Diakon, Priester, Bischof) wird der Christ bevollmächtigt, im Namen und mit der Autorität Christi dem Volk Gottes zu dienen. Es wird deutlich: Die Gemeinde kann sich nicht selbst den Glauben an Christus sagen. Der Glaube muss ihr verkündet werden.

7. Im Sakrament der Krankensalbung sagt Gott zu dem Kranken: Du gehörst zu mir. Ich bin da für dich. Auch wenn du stirbst. Ich halte dich. Die Krankensalbung kann nicht nur (als „Letzte Ölung") „in der Todesstunde" gespendet werden, sondern bei jeder schweren, bedrohlichen Krankheit.

Sara
Sara war die Frau Abrahams, doch sie blieb bis ins hohe Alter kinderlos. Gott hatte Abraham eine reiche Nachkommenschaft und Zukunft im gelobten Land versprochen. Und er löste seinen Bund mit Abraham ein. Tatsächlich gebar Sara im hohen Alter, in dem sie selbst es nicht mehr für möglich hielt, doch noch einen Sohn. Sie nannten ihn Isaak. Isaak war so der Halbbruder von Ismael, dem ersten Sohn Abrahams mit seiner Nebenfrau Hagar.

Säulen des Islam/5 Säulen des Islam
Wenn jemand den Islam erklären möchte, dann erzählt er gerne von den fünf Säulen, auf denen seine Lehre und Lebensregeln beruhen: 1. SCHAHADA = das Glaubensbekenntnis; 2. SALAT = das Gebet nach festen Ritualen; 3. ZAKAT = das Almosen geben; 4. SAUM = das Fasten im Monat Ramadan; 5. HADDSCH = die Pilgerfahrt nach Mekka, wenigstens einmal im Leben für diejenigen, die finanziell und gesundheitlich dazu in der Lage sind.

Sunna
Die Sunna (arabisch: Bräuche/Gewohnheit/ Lebensregeln) ist die Sammlung von Lebensregeln und oft auch strengen Vorschriften für den rechten Weg im Glauben zu Gott (Allah). Hier kann der Muslime nachlesen, wie Mohammed den Islam begründet, verkündet und gelebt hat. Die Sunna kommt der Bedeutung nahe, die der Katechismus für die katholischen Christen hat.

Talent
Ein Talent (griechisch tálanton: Gewicht, Waage) war früher eine altgriechische Währungs- und Gewichtseinheit. Die Menschen bezahlten mit Talenten. 1 Talent war so viel wie 60 Minen. Damals kostete ein normales Segelschiff ungefähr 1 Talent, ein Sklave kostete zum Vergleich nur 3 Minen.

Als Talent bezeichnet man auch eine besondere Begabung. Kann ein Mensch etwas sehr gut, vielleicht besser als viele andere Menschen, hat er ein besonderes Talent in diesem Bereich.

Tempel
Ein Tempel ist ein Gebäude oder Bezirk zur Verehrung eines Gottes. In der Bibel ist der Tempel das Haus Gottes. In Jerusalem existieren zu biblischer Zeit nacheinander verschiedene Tempel. Der erste Tempel wird während der Herrschaft des Königs Salomo gebaut. Er besteht aus mehreren Höfen und Räumen. Er wird von den Babyloniern zerstört. Später wird der zweite Tempel gebaut und unter König Herodes prunkvoll umgebaut und reich ausgestaltet. Ein besonderer Bereich im Innern des Tempels wird das Allerheiligste genannt. Er darf ausschließlich vom Hohenpriester einmal im Jahr betreten werden. Das Allerheiligste gilt als die eigentliche Wohnung Gottes. 70 n. Chr. wird der Tempel des Herodes zerstört. Heute ist davon nur noch eine Mauer zu sehen, die von den Juden Klagemauer genannt wird. Auf dem heutigen Tempelplatz stehen der muslimische Felsendom und die Al-Aksa-Moschee.

Das Land, in dem Jesus lebte

Der Vordere Orient

Quellenverzeichnis

Abbildungen

9 Fußball: © Gert Westdörp
Eingang einer Don-Bosco-Wohngruppe: Anton Durka
Alle anderen Abbildungen: Salesianer Don Boscos
14 Juliana Heidenreich: Jona und der Fisch. In: Gütersloher Erzählbibel. © by Gütersloher Verlagshaus, Gütersloh, in der Verlagsgruppe Random House GmbH, München
18 Kirche: © Michael Shibler/fotolia
19 Moschee Essen: © Dirk Vogel/Visum
21 Muezzin: © cips/vidaluz
Lesende Mädchen: © Das Fotoarchiv
Papst Benedikt XVI. und Ali Bardakoglu: © KNA-Bild
Betende Männer in der Moschee: © www.BilderBox.com
Muslime im Osnabrücker Dom: © Thomas Osterfeld
27 Verkündigung an Maria (wird Dalí zugeschrieben)
29 Baby: © mauritius images/imagebroker
30 Sternenwirbel: © Schapowalow
33 Thomas Zacharias, Schöpfung © VG Bild-Kunst, Bonn 2008
37 Die vier Evangelisten. Aachener Evangeliar der Palastschule Karls d. Gr., um 800. Domschatzkammer, Aachen
41 Junge: © mauritius images/Simon Katzer
42 © Beate Heinen
49 Thomas Zacharias, Bekehrung des Paulus © VG Bild-Kunst, Bonn 2008
51 Rembrandt: Paulus Harmensz. Van Rijn: Paulus, 1661. Amsterdam, Rijksmuseum
52 HL. ELISABETH, Beate Heinen, © ars liturgica Buch- und Kunstverlag MARIA LAACH, Nr. 5397
53 Hintergrund: © chrisharvey/fotolia; alle anderen Fotos: Wolfgang Gies
55 Heribert A. Huneke, Ich werde auferstehen, © VG Bild-Kunst, Bonn 2008
57 Beerdigung: © KNA-Bild
58 Kreuz: © Thomas Dettmer
59 Marcel Häflinger: Der Prophet Amos
61 © Sieger Köder, Propheten – Gottes Rufer
69 Marc Chagall, Moses zerbricht die Gesetzestafeln © VG Bild-Kunst, Bonn 2008
72 Frida Huwiler, Pfingsten © VG Bild-Kunst, Bonn 2008
75 Predigt: © KNA-Bild
Krankenhausseelsorge: © irisblende.de
Gottesdienst: © KNA-Bild
Sanitäter: © Malteser Hilfsdienst e.V. Dortmund
Kommunionunterricht: © KNA-Bild
Trauung: Ansgar Haller
76 Lesung: © KNA-Bild
Pfarrerin: © Krueper/teamwork
Kommunionkinder: © Hartmus Schwarzbach/argus
Konfirmanden: © Caro Fotoagentur/Andreas Bastian
77 Dein Angesicht suche ich, Schweizerischer Verlag für kirchliche Kunst, CH-3123 Belp
79 Mama Tina. Rhadi Chalisani. Aus: Chistina Noble. Mama Tina Niemandskind. Das Schicksal in meiner Hand. Wilhelm Heyne Verlag GmbH & Co. KG, München 1994
81 Brotvermehrung. Evangeliar aus Echternach, um 1040 © Germanisches Nationalmuseum, Nürnberg
82 Alle Fotos: MISEREOR Aachen
83 Hoch hinaus: © Brunolf Metzler
87 © Lisbeth Zwerger, Das neue Jerusalem
U1 Volker Minkus. Minkusimages

Alle anderen Abbildungen: Verlagsarchiv

Texte

8 Wolfgang Gies: Johannes Bosco. Aus: Wolfgang Gies: Das große Werkbuch Heilige. Herder. Freiburg 2006
12 Fredrik Vahle: Vom Schweigen der Indianer (bearb.). Aus: Gelberg, Hans-Joachim (Hrsg.): Großer Ozean, Beltz & Gelberg. Weinheim und Basel 2000
17 Hans Manz: Das Fremde macht Angst. Aus: Die Welt der Wörter. Weinheim und Basel. Beltz 1991
24 Aus: Fynn: Anna schreibt an Mister Gott. Neues von Anna über Gott und den Lauf der Dinge. Übersetzt von Gert Woerner. Bern, München, Wien[18]. Scherz 1993
35 Christian Morgenstern: Liebe Sonne, liebe Erde. Gerhard Stalling, Oldenburg 1943 (gek.)
66/67 Marianne Kreft: Im Schneckenhaus sind keine Blumen mehr. Aus: Gelberg, Hans-Joachim (Hrsg.): Der fliegende Robert. Viertes Jahrbuch der Kinderliteratur
71 Rudyard Kipling: Die kleine Schraube, Quelle unbekannt

Lieder

16 Edelkötter, Ludger (Melodie)/Schaube, Werner (Text): Er bindet nicht, er hält uns fest © KiMu Kinder Musik Verlag GmbH, 45219 Essen
28 Janssens, Peter (Melodie)/Willms, Wilhelm (Text): Welcher Engel wird uns sagen © Peter Janssens Musik Verlag, Telgte-Westfalen
33 Baltruweit, Fritz (Melodie): Gott gab uns Atem, damit wir leben; alle Rechte im tvd-Verlag, Düsseldorf Bücken, Eckart (Text) © Strube Verlag GmbH, München-Berlin
58 Alois Albrecht (Text): Manchmal feiern wir mitten im Tag © Peter Janssens Musik Verlag, Telgte-Westfalen
79 Edelkötter, Ludger (Melodie)/Camara, Don Helder (Text): Wenn einer alleine träumt © KiMu Kinder Musik Verlag, Telgte-Westfalen
85 Babelparabel: © Wolfgang Gies
88 Janssens, Peter (Melodie)/Willms Wilhelm (Text): Der Himmel geht über allen auf © Peter Janssens Musik Verlag, Telgte-Westfalen

Zugelassen als Lehrbuch für den katholischen Religionsunterricht von den Diözesanbischöfen von Aachen, Berlin, Dresden, Erfurt, Essen, Fulda, Görlitz, Hamburg, Hildesheim, Köln, Limburg, Magdeburg, Mainz, Münster, Osnabrück, Paderborn, Speyer und Trier.

1. Auflage 1 8 7 6 5 4 | 19 18 17 16 15

Alle Drucke dieser Auflage sind unverändert und können im Unterricht nebeneinander verwendet werden.
Die letzte Zahl bezeichnet das Jahr des Druckes.

Programmbereich Klett-Auer

Autorinnen: Friedrich Fischer, Wolfgang Gies, Monika Oesterwind, Peter Ueter

Satz: Albert Graf, Graben
Druck: DBM Druckhaus Berlin-Mitte GmbH, Berlin

Printed in Germany
ISBN 978-3-12-003824-5 (Klett)
ISBN 978-3-403-03824-5 (Auer)

9 783120 038245